Viel Erfolg!

GERMAN to GCSE

Alistair Brien
Sharon Brien
Corinna Schicker

OXFORD UNIVERSITY PRESS

Oxford University Press, Walton Street, Oxford OX2 6DP

Oxford New York
Athens Auckland Bangkok Bombay
Calcutta Cape Town Dar es Salaam Delhi
Florence Hong Kong Istanbul Karachi
Kuala Lumpur Madras Madrid Melbourne
Mexico City Nairobi Paris Singapore
Taipei Tokyo Toronto

and associated companies in
Berlin Ibadan

Oxford is a trade mark of Oxford University Press

First published 1996

ISBN 0 19 912218 0

Acknowledgements

The publishers would like to thank the following for permission to reproduce photographs, and for additional commissioned photography:
Roger Blackhurst p.90 (bottom right); John Brennan p.22 (top), p.61 (a, b), p.78 (a, d, k), p.85 (c, f), p.90 (left, top centre and bottom centre), p.93, p.101 (a, c), p.102 (centre and centre left); Dick Capel-Davies p.22 (centre), p.24 (top), p.26 (centre), p.61 (c), p.80 (b), p.86 (bottom centre); Environmental Picture Library p.102 (top row: centre, second from right; bottom row: left); Gordon Hillis p.24 (bottom), p.48, p.54 (1, 2, 3, 4, 5), p.57 (top right, bottom left, centre and right), p.61 (e), p.65 (3), p.77 (a, b, d, e), p.78 (b, c, e, f, g, h, i, j), p.101 (b, d, e, f), p.102 (top row: left, second from left, right; bottom row: right); Tony Lees p.33 (bottom), p.85 (e), p.86 (top centre); Movie Store Collection p.32 (top left and right, bottom); Marilyn O'Brien p.85 (b); Sabine Oppenländer Associates p.17, p.32 (top centre), p.65 (1); OUP p.33 (top), p.49 (left), p.54 (7, 8), p.61 (d), p.80 (c), p.85 (d), p.86 (bottom right), p.102 (bottom row: centre left and right); David Simson p.46, p.49, p.80 (a), p.86 (top right); Martin Sookias p.26 (left and right), p.57 (top left), p.77 (c, f); Jeff Tabberner p.54 (6), p.61 (f), p.65 (2), p.85 (a), p.102 (centre right); John Walmsley p.22 (bottom).

The illustrations are by Hemesh Alles (eg. p.29), Maggie Brand (eg. p.63), Peter Brown (eg. p.93), Helena Greene (eg. p.50), Nigel Paige (eg. p.16), Trevor Parkin (eg. p.71). Maps and diagrams by HardLines, Oxford, and Peter Ducker. The authentic handwriting is by Kathy Baxendale.

The publishers would like to thank the following for permission to reproduce copyright material:
JUMA (pp. 33, 73, 89, 105, 117); Mary Glasgow Magazines (pp. 24, 40, 48, 58, 65, 81, 95, 96); Rheinischer Merkur (p.17), Die Welt (p.88).

The sound recording was made at Post Sound Ltd, London, with production by Marie-Thérèse Bougard and Charlie Waygood.

Cover photograph: Staatsgalerie, Stuttgart, by Richard Bryant/ Arcaid

Every effort has been made to contact copyright holders of material reproduced in this book. Any omissions will be rectified in subsequent printings if notice is given to the publisher.

Typeset and designed by Peter Ducker MSTD

Printed and bound by Graficas Estella, Spain

Contents

Overview of units

Unit	Pages	AoE	Topics covered	Listening/reading
1 Sport und Gesundheit	13–20	A	Illness; going to the doctor Food and drink; eating out	Understanding a menu Understanding young people talking about what sports they play and what they like to eat
2 Schule	21–28	A	Comparing German and British schools Describing your own school For and against mixed schools Understanding a school timetable	Following arguments for and against mixed schools
3 Freizeit	29–36	B	Pocket money Clothes Hobbies	Understanding young people describing what they like to do in their free time
4 Medien	37–44	B	Weather Television Music	Understanding young people describing their TV viewing habits Following a weather forecast Reading a profile of a famous person
5 Jugend	45–52	B	Personal details Birthdays; Holidays Relationships	Understanding young people talking about their friendships Holiday plans
6 Wohnsiedlung	53–60	C	House and home Pets Daily routine Shopping	Understanding descriptions of people's houses
7 Meine Stadt	61–68	C	In the town; Directions Shopping Town and country life	Following directions Finding out about a German town Deciding which type of ticket to buy
8 Arbeitspraktikum	69–76	D	Work experience Future career plans; Stereotypes Booking accommodation Asking for information	Understanding job adverts Listening to and reading about young people's work experience
9 Berufsbewerbung	77–84	D	Jobs; At the bank At the dry cleaner's Job applications	Understanding details from an interview Understanding a CV
10 Inselträume	85–92	B, E	Holidays; At the chemist's In the youth hostel At the campsite	Understanding people talking about their holiday experiences
11 Probleme	93–100	A, B	At the lost property office Returning goods Breaking down in a car Complaining in a restaurant Describing an accident	Understanding a variety of problem situations
12 Umweltschutz/ Transport	101–108	C, E	Protecting the environment Car travel Train travel	Understanding people talking about measures they take to protect the environment Understanding travel arrangements

Speaking/writing	Role play situations	Grammar focus
Describing your eating habits and lifestyle	At the snackbar In the restaurant At the doctor's	Pronouns Comparatives Superlatives
Comparing your school with a German school Describing your daily routine Writing a school brochure Describing your uniform	At the lost property office Language problems Describing your timetable	Word order Modal verbs *obwohl*
Describing what you do in your spare time Writing a penfriend advert Saying what you do with your pocket money	Arranging to meet Going to the cinema	Expressing opinions *Wie wäre es mit ...; Möchtest du ...* *Hast du Lust ...* Prepositions with the dative *gern/nicht gern*
Describing your TV viewing habits Talking about the weather Talking about what music you like	Deciding what to see at the cinema	Future tense Word order *wenn* sentences
Talking about yourself; Describing your birthday Designing an invitation Writing a thank you letter	Inviting someone to a party Describing holiday plans	*kein/nicht* Adjective endings after *kein* Making comparisons
Describing your home Saying what you do to help at home Describing your daily routine Describing your ideal home	At the dinner table Offering to help at home Buying food	Conjunctions Separable verbs Prepositions
Describing what there is to do in your town Discussing the advantages and disadvantages of town and country life	At the market Giving directions In the cakeshop	Prepositions
Describing your future plans Talking about your work experience Writing to book accommodation	Booking accommodation Asking for information about a town Making enquiries about train travel	Perfect tense *während* *als*
Writing a job application letter Writing a CV	At the post office At the bank	Adjective endings Conditional sentences
Writing a letter booking accommodation Describing holidays	At the chemist's In the youth hostel At the campsite	*haben /sein;* Verb forms Present tense/perfect tense Conditional sentences
Describing an accident Describing a lost item Writing a letter of complaint	Lost property Returning faulty goods Complaining in a restaurant	*um zu* Relative clauses
Describing what you do to protect the environment	Making train travel enquiries Getting a car repaired	Imperfect tense Forming questions

Introduction

Welcome to *Viel Erfolg!*

If you are taking your GCSE exam in German, then this book is for you. It will help you to prepare for all the different parts of the exam, particularly if you are aiming for grades A*-C.

Your teacher may work through the book with you in class or you can use the book on your own to help you with your revision.

The book is accompanied by a cassette which your teacher can copy for you to work through the listening activities on your own, for homework or as part of your revision.

The book is divided into a number of sections to help you organise your work and to help you look things up easily.

Overview of units

This shows you which topics, vocabulary, role plays and grammar points you will find, and where. If, for example, you want to revise role plays set in the post office, look down the role play column until you find it.

Exam fact file

Here you will find all you need to know about the new-style GCSE exam which you will be taking. It explains the different parts of the exam and gives you useful tips on revising for it. It also gives a list of German instructions which you will need to know in order to understand both the questions in this book and in the exam itself.

The Units

The main part of this book is divided into 12 units. Each unit follows a theme which appears in the exam syllabus. You will find a list of the themes in the *Overview of units*. In each unit there are listening, speaking, reading and writing activities which are very similar in style to the questions which are likely to appear in your exam. For the listening activities you will need to use the cassette which accompanies the course. The speaking activities can be done with a partner and perhaps then recorded onto a cassette. The reading and writing activities will test your ability to write in German. Within each section you will find the activities becoming increasingly difficult. At the end of each

unit you will find a section called *Zum Üben* which gets you to practise different grammar points which occur in the unit. Finally there is a *Vokabeln* section which lists the main items of vocabulary which have appeared in the unit as well as other key words related to the topic. Throughout the units you will also find useful hints to help you prepare for the different types of questions.

Kontrolle sections

These sections are made up of a number of mini-tests. Your teacher may give you these to do in class or you could use them to test yourself as part of your revision. There are four *Kontrolle* sections: 1 revises units 1-3; 2 revises units 4-6; 3 revises units 7-9; and 4 revises units 10-12.

Grammar summary

This provides a summary of all the main points of grammar which you will need at GCSE level. There is also a verb table which lists all the main irregular verbs which you are likely to encounter for GCSE.

Cassette transcript

Here you will find the text of all the cassette listening activity materials. Always listen to the cassette on its own first but if you are finding it difficult to follow a listening activity try following the text as you listen to the cassette.

Answers section

Here you will find the answers to the listening, reading and *Zum Üben* sections. Don't go to the answers first when you do an activity! Use them instead to check how you have done after you have had a go at a question.

We hope that you will find *Viel Erfolg!* a useful aid to your revision. Look through the book now to find all the different sections mentioned above so that you can use it to best effect when planning and doing your revision.

Viel Glück und auch viel Erfolg!

1 The GCSE examination

WHAT will you be tested on?

It is important to be prepared when taking exams and one of the first things you need to know is WHAT you will be tested on. Your teacher can tell you which examination board is setting the papers and although each board sets slightly different tests, they will all have the following in common.

- You will be tested on your ability to LISTEN TO, SPEAK, READ and WRITE German in situations in which you may find yourself when visiting German-speaking countries on holiday or for work, or when meeting German-speaking visitors in this country.
- The examination syllabus covers five themes or AREAS OF EXPERIENCE (AoE).

Area of experience	Example of topics covered
A	*Everyday activities* School; Life at home; Talking about TV, music and films; Health and fitness; Food
B	*Personal and social life* Talking about your family and friends; Hobbies; Arranging to go out
C	*The World around us* Talking about your home area; Finding the way; Shopping; Transport; Public services
D	*The World of work* Training; Future plans; Jobs; Advertising; Communication
E	*The International world* Life in other countries; Holidays; Booking accommodation; Important issues

HOW will you be tested?

You will take a separate test or tests in each of the four skill areas described below:

Listening and responding

You will listen to a variety of different types of spoken German. Listening material may include instructions, telephone messages, dialogues, descriptions, short news articles and interviews. The questions will require you to answer in a variety of ways including filling in a grid or matching items, taking notes in German or interpreting what is said.

Speaking

There are two parts to the speaking test: role play and conversation. In the role plays you will be given a scene to act out with your teacher. The instructions might be written or presented through pictures. In the conversation you will be asked to talk about yourself.

Reading and understanding

You will read a variety of different types of written German. Reading material may include signs, notices, short advertisements, messages and letters (some of which will be handwritten), newspaper and magazine extracts. The questions will require you to answer in a variety of ways including matching or true/false activities, taking notes in German or interpreting what is written.

Writing

The writing test will contain a range of material for you to respond to. These might include pictures, notes, postcards or letters. You might be asked to write any of the following: a message, a postcard, an informal letter (eg to a penfriend) or a formal letter (eg to book a hotel room), a short article (eg for a school magazine) or an imaginative piece of writing.

HOW will the tests be graded?

Below is a rough guide of what you need to do in each of the four skill areas in order to get a grade C or A.

Listening and responding

To get a grade C, you will need to:
- identify and pick out the main points and some specific details from what you hear;
- identify the opinions of the people speaking;
- show that you understand references to the past, present and future;
- show you understand language with which you are familiar, used in unfamiliar contexts.

To get a grade A, you will *also* need to:
- recognise points of view, attitudes and emotions;
- draw conclusions from what you hear;
- explain extracts.

Speaking

To get a grade C, you will need to:
- express your opinions in conversation;
- refer to events in the past, present and future;
- cope with the unexpected in one of the role plays.

To get a grade A, you will *also* need to:
- narrate events;
- use a range of language to express your ideas and to justify your opinions;
- cope with the unexpected in both role plays.

Reading and responding

To get a grade C, you will need to:
- identify and pick out the main points and some specific detail from what you read;
- identify the point of view of the writer(s);
- show that you understand references to events in the past, present and future;
- show that you understand language with which you are familiar used in unfamiliar contexts.

To get a grade A, you will *also* need to:
- work out the meaning of unfamiliar language from the context;
- recognise points of view, attitudes and emotions;
- draw conclusions from what you read;
- explain extracts.

Writing

To get a grade C, you will need to:
- express your opinions in writing;
- refer to events in the past, present and future;
- write simple formal or personal letters.

To get a grade A, you will *also* need to:
- use a range of language to express your opinions and to justify your ideas in writing;
- give factual information;
- produce a longer sequence of written language, such as a short imaginative or descriptive essay.

WILL you be able to use a dictionary?

You may be allowed to use a dictionary in some, if not all of the tests. In the reading tests, some activities may require you to use a dictionary. In other tests, it is important to remember that your time is limited. It is a good idea only to use your dictionary to confirm the meaning of a word, or perhaps to check whether it is masculine or feminine. Strategies for using a dictionary effectively are given on page 9.

2 Preparing for the exam

Although it helps to know what you are likely to be faced with on the day of the exam, another way to increase your confidence and to help you show what you can do is to prepare thoroughly and effectively. And your preparation can begin months before the exams begin.

PRACTISE!

Viel Erfolg! contains examples of the different activities listed above to give you plenty of practice in the types of task you might be asked to complete in the exam. Activities generally focus on one skill area and *skill focus boxes* identify strategies which will help you complete the tasks effectively. These strategies will also help you when in the exam.

PRACTISE OFTEN!

Try and find the time to practise as often as possible. The following tips are all useful for learning, remembering and revising.

- **Read** as much as possible. Ask your teacher if you can borrow magazines. Using your dictionary and your own knowledge of current affairs, you will quickly learn to identify key points.
- **Listen** to the radio. You could tune into the German station *Die Deutsche Welle* (6075KHz) or listen to the German programmes on the World Service of the BBC (848 KHz). Watch German television: RTL and SAT 1 are both German television channels which are available on satellite and cable television.
- **Speak** German with your friends. Prepare role plays together. Practise asking and answering questions. Record yourself and listen to your pronunciation. Then re-record yourself. Try and sound as German as possible.
- **Write** letters to a penfriend. Find pictures in newspapers and magazines and write captions in German. The pictures can help you remember key words and phrases.
- **Grammar** practice of key structures is provided in each unit of *Viel Erfolg!*. As with other areas of language learning, a little practice often will really help you learn.
- **Learn** new words. Practise different activities to try and find the most effective way for you to learn. Below are some suggestions. Try and add more.

– Some people learn new words by writing lists in German, with the English equivalent written beside it. Cover up the English and see how many you can understand. Now cover up the German. How many can you say in German? Time how long it takes for you to say each of the words or phrases in German.

Then try again. Can you beat your own time?
– Some people learn more effectively by using pictures to help them remember words. Draw your own symbols or pictures. Cover the pictures. Can you say the words or phrases in German?
– Building word families can help to learn new words and to extend your vocabulary.

DER SPORT
Ich spiele Tennis
Montags gehe ich zum Schwimmbad
Es ist wichtig in meinem Alter, fit zu sein

● **Dictionary use.** Practise using your dictionary. You may be required to use a dictionary in the reading test. It is important to know how to find your way round a dictionary quickly and without wasting time.

– When reading a German text, don't be tempted to look up every single word. You don't need to understand every word. Some you will be able to work out: perhaps they look like English words, or the pictures or context make the meaning clear. Use your dictionary only to confirm the meaning of a word or to find the meaning of a key word that you cannot guess.
– When you look up the German equivalent of an English word eg 'mark', first look up the word in the English-German section of the dictionary. Then cross-check in the German-English section to make sure that you have identified the correct word that you wish to use. It is a good idea to have a dictionary that gives plenty of examples. The examples will help you to identify quickly the word that you want to use.

mark [mɑːk] **1**. *n.* **a)** *(trace)* Spur, *die;* *(stain etc.)* Fleck, *der;* *(scratch)* Kratzer, *der;* **b)** *(sign)* Zeichen, *das;* **c)** *(Sch.)* Note, *die;* **d)** *(target)* Ziel, *das.* **2**. *v.t.* **a)** *(dirty)* schmutzig machen; *(scratch)* zerkratzen; **b)** *(put distinguishing ~ on)* kennzeichnen, markieren (**with** mit); **c)** *(Sch.) (correct)* korrigieren; *(grade)* benoten; **d)** ~ **time** auf der Stelle treten. **mark 'off** *v.t.* abgrenzen (**from** von, gegen). **mark 'out** *v. t.* markieren

No**te** **die**; ~, ~n **a)** *(Zeichen)* note; **b)** *Pl. (Text)* music *sing.;* **c)** *(Schul~)* mark; **d)** *(Eislauf, Turnen)* score

Spu**r** **die**; ~, ~en **a)** *(Abdruck im Boden)* track; *(Folge von Abdrücken)* tracks *pl.;* **eine heiße ~** *(fig.)* a hot trail; **jmdm./einer Sache auf der ~ sein** be on the track *or* trail of sb./sth.; **b)** *(Anzeichen)* trace; *(eines Verbrechens)* clue *(Gen.* to); **c)** *(sehr kleine Menge; auch fig.)* trace; **d)** *(Verkehrsw.: Fahr~)* lane; **die ~ wechseln** change lanes

Ze**ichen** **das**; ~s ~ sign; *(Markierung)* mark; *(Chemie, Math., auf Landkarten usw.)* symbol; **jmdm. ein ~ geben** signal to sb.

– When you look up a new word that you want to use to talk about yourself and your interests, make sure that you know how to pronounce it. Ask your teacher and then record yourself saying it.
– Once you have found the words you need and learnt how to pronounce them, try to learn them using one of the techniques outlined above or using one of your own.
– It is important that you understand the abbreviations used in your dictionary. If possible, it should be the same edition that you will use in the exam as dictionaries vary in their layout and the symbols used.

heiser 1. *Adj.* hoarse; 2. *adv.* in a hoarse voice; **Heiserkeit die;** ~ *s.* heiser: hoarseness

heiß 1. *Adj.* hot; **jmdm. ist** ~: sb. feels hot; **etw.** ~ **machen** heat sth. up; heated ⟨*debate, argument*⟩; fierce ⟨*fight, battle*⟩; ardent ⟨*wish, love*⟩; **ein ~es Thema** a controversial subject; 2. *adv.* ⟨*fight*⟩ fiercely; ⟨*love*⟩ dearly; ⟨*long*⟩ fervently

heißen *unr. itr. V.* (*den Namen tragen*) be called; (*bedeuten*) mean; (*lauten*) ⟨*saying*⟩ go; (*unpers.*) **es heißt, daß ...:** they say that ...; **in dem Artikel heißt es ...:** in the article it says that ...

heiter *Adj.* cheerful; fine ⟨*weather, day*⟩; **Heiterkeit die;** ~ **a)** (*Frohsinn*) cheerfulness; **b)** (*Belustigung*) merriment

heizbar *Adj.* heated; **Heiz·decke die** electric blanket; **heizen** 1. *itr. V.* have the heating on; 2. *tr. V.* heat ⟨*room etc.*⟩; **Heizer der;** ~s, ~ (*einer Lokomotive*) fireman; (*eines Schiffes*) stoker

Heiz-: ~**kissen das** heating pad; ~**körper der** radiator; ~**ofen der** stove; heater; ~**platte die** hotplate

Heizung die; ~, ~**en a)** [central] heating *no pl., no indef. art.*; **b)** (*ugs.: Heizkörper*) radiator

Hektar das *od.* **der;** ~s, ~**e** hectare

Hektik die; ~: hectic rush; (*des Lebens*) hectic pace; **hektisch** *Adj.* hectic

Held der; ~**en,** ~**en** hero; **heldenhaft** 1. *Adj.* heroic; 2. *adv.* heroically; **Heldentum das;** ~**s** heroism; **Heldin die;** ~, ~**nen** heroine

helfen *unr. itr. V.* help; **jmdm. [bei etw.]** ~: help sb. [with sth.]; (*unpers.*) **es hilft nichts** it's no use *or* good; **Helfer der;** ~**s,** ~: helper; (*Mitarbeiter*) assistant; (*eines Verbrechens*) accomplice

Helikopter der; ~**s,** ~: helicopter

hell 1. *Adj.* **a)** (*von Licht erfüllt*) light; well-lit ⟨*stairs*⟩; **b)** (*klar*) bright ⟨*day, sky, etc.*⟩; **c)** (*viel Licht spendend*) bright ⟨*light, lamp, star, etc.*⟩; **d)** (*blaß*) light ⟨*colour*⟩; fair ⟨*skin, hair*⟩; light-coloured ⟨*clothes*⟩; **e)** (*akustisch*) high, clear ⟨*sound, voice*⟩; ringing ⟨*laugh*⟩; **f)** (*klug*) bright; **g)** (*ugs.: absolut*) sheer, utter ⟨*madness, foolishness, despair*⟩; 2. *adv.* brightly

hell-: ~**blau** *Adj.* light blue; ~**blond** *Adj.* very fair; light blonde

Helle das; *adj. Dekl.* ≈ lager

Heller der; ~**s,** ~: heller; **bis auf den letzten ~/bis auf** ~ **und Pfennig** (*ugs.*) down to the last penny *or* (*Amer.*) cent

hell-: ~**grün** *Adj.* light green; ~**häutig** *Adj.* fair-skinned

Helligkeit die; ~, ~**en** (*auch Physik*) brightness

hell-, Hell-: ~**rot** *Adj.* light red; ~**sehen** *unr. itr. V.*; *nur im Inf.* ~**sehen können** have second sight; ~**seher der** clairvoyant; ~**wach** *Adj.* wide awake

Helm der; ~[**e**]**s,** ~**e** helmet

Hemd das; ~[**e**]**s,** ~**en** shirt; (*Unterhemd*) [under]vest; undershirt; **Hemds·ärmel der** shirt-sleeve

hemmen *tr. V.* **a)** (*verlangsamen*) slow [down]; **b)** (*aufhalten*) check; stem ⟨*flow*⟩; **c)** (*beeinträchtigen*) hinder; **Hemmung die;** ~, ~**en a)** (*Gehemmtheit*) inhibition; **b)** (*Bedenken*) scruple; **hemmungs·los** 1. *Adj.* unrestrained; 2. *adv.* unrestrainedly

Hendl das; ~**s,** ~[**n**] (*bayr., österr.*) chicken; (*Brathähnchen*) [roast] chicken

Hengst der; ~[**e**]**s,** ~**e** (*Pferd*) stallion

Henkel der; ~**s,** ~: handle

Henker der; ~**s,** ~: hangman; (*Scharfrichter, auch fig.*) executioner

Henne die; ~, ~**n** hen

her [he:ɐ̯] *Adv.* ~ **damit** give it to me; give it here (*coll.*); **vom Fenster** ~: from the window; **von ihrer Kindheit** ~: since childhood; **von der Konzeption** ~: as far as the basic design is concerned

herab *Adv.* down; **von oben** ~ (*fig.*) condescendingly

herab-: ~**hängen** *unr. itr. V.* hang [down] ⟨*von*⟩; **~hängende Schultern** drooping shoulders; ~**lassen** 1. *unr. tr. V.* let down; lower; 2. *unr. refl. V.* (*iron.: bereit sein*) sich ~**lassen, etw. zu tun** condescend to do sth.; ~**lassend** 1. *Adj.* condescending; patronizing (*zu* towards); 2. *adv.* condescendingly; patronizingly; ~**sehen** *unr. itr. V.* **auf jmdn.** ~**sehen** look down on sb.; ~**setzen** *tr. V.* **a)** reduce; **b)** (*abwerten*) belittle

heran *Adv.* **an etw.** (*Akk.*) ~: right up to sth.

heran-, Heran-: ~**bilden** *tr. V.* train [up]; (*auf der Schule, Universität*) educate; ~**bringen** *unr. tr. V.* **a)** bring [up] ⟨*an + Akk., zu* to⟩; **b)** (*vertraut machen*) **jmdn. an etw.** (*Akk.*) ~**bringen** introduce sb. to sth.; ~**fahren**

Abk. = Abkürzung

Adj. = Adjektiv

Adv. = Adverb

Akk. = Akkusativ

Dat. = Dativ

Gen. = Genitiv

Nom. = Nominativ

od. = oder

Pl. = Plural

o. Pl. = ohne Plural

itr. V. = intransitives Verb

tr. V. = transitives Verb

unr. V. = unregelmäßiges Verb

ugs. = umgangssprachlich

PLAN!

The strategies listed above will help you throughout the year as you build up towards the exam. However, as you approach the exam, it is a good idea to have a revision programme. Your mock exams provide an opportunity for a trial run of your revision programme.

– Set aside some time every day to revise. 30–40 minutes will be plenty. A little revision every day is more effective than one day a week.
– Prepare revision cards. For example, when revising talking about your family, make one card for each person. Write his/her name and who he/she is (eg brother) on one side and then key words for talking about him/her on the other, eg *19 Jahre, groß, schwarze Haare*, etc. Practise talking about each person. Look only at the name and see how much information you can give without looking at the key words. Check how well you did and then try again.
– Ask your teacher to copy items from your coursebook onto cassette for you. Listen and complete the activities in a set time. Practise listening without writing anything. Listen again and then write the answers.
– Practise doing reading activities. Try and complete them in a set time. If you take too long you are

probably trying to understand too much. Practise
identifying only the key information.
- After the mock exams, take time to evaluate your
  revision programme. Was it effective? What will you
  change, if anything, as you prepare for the real exam?

3 On the day...

And finally, a list of tips to help you on the day.

- Try to keep a clear head. This is particularly
  important in the listening test. You need to be ready
  to listen.
- *Read* the questions carefully. In the listening and
  reading papers the questions help you to focus on
  what you need to understand.
- Don't be tempted to over-use the dictionary. Your
  time is limited. Only use it when you really have to.
- If in the speaking or writing tests you can't remember
  a word, don't panic! Try and remember where and
  how you learnt it. If you use pictures to help you
  learn, try to visualise the picture and then the word.
  If you still can't remember, try and use another word,
  or describe what it is you are trying to say.
- Take time in the writing test to read and check what
  you have written.

4 Useful phrases

Below is a list of phrases to help you understand the
instructions and the questions, both in *Viel Erfolg!* and
in the exam. There is also a list of useful phrases to help
you to express and justify your opinion.

Auf deutsch	*In German*
Auf englisch	*In English*
Beantworte die Fragen	*Answer the questions*
Beispiel	*Example*
Beschreib	*Describe .....*
Entwirf	*Design .....*
Erfinde eine neue Geschichte	*Make up a new story*
Ergänze	*Complete .....*
Finde das richtige Bild/Foto	*Find the right picture/photo*
Finde Unterschiede	*Find differences*
Füll ..... aus	*Fill out .....*
Hör gut zu	*Listen carefully*
Hör gut zu und lies mit	*Listen carefully and follow the text*
Kreuz das Bild an	*Tick the picture*
Lies	*Read .....*
Mach eine Liste	*Make a list*
Mach eine Umfrage	*Do a survey*

Macht andere Dialoge	*Make other dialogues*
Ordne alles richtig ein	*Put everything into the correct order*
Partnerarbeit	*Pairwork*
Rate mal!	*Guess!*
Richtig oder falsch?	*True or false?*
Schau mal ..... an	*Look at .....*
Schreib	*Write .....*
Schreib die Antworten hin	*Write down the answers*
Schreib die richtige Nummer auf	*Write the correct number*
Schreib es richtig hin	*Write it out correctly*
Spielt die Szene vor	*Act out the scene*
Stellt Fragen zusammen	*Ask each other questions*
Übt den Dialog zusammen	*Practise the dialogue together*
Unterstreiche	*Underline .....*
Was fehlt?	*What's missing?*
Was meinst du?	*What do you think?*
Was paßt zusammen?	*What goes together?*
Was sagen sie?	*What are they saying?*
Welcher Satz paßt?	*Which sentence fits?*
Wer spricht?	*Who is speaking?*
Wie endet der Satz?	*How does the sentence finish?*
Wie ist die richtige Reihenfolge?	*What is the correct order?*
Wie sieht ..... aus?	*What does ...... look like?*
Wieviel?	*How much?*

Meiner Meinung nach	*In my opinion*
Ich bin der Meinung, daß	*It's my opinion that .....*
Ich glaube, daß	*I believe that .....*
Ich finde, daß	*I think that .....*
Es stimmt, daß	*It's true that .....*
Es stimmt nicht, daß	*It's not true that .....*
Das stimmt nicht	*That's not true*

Sport und Gesundheit 1

 1 Welchen Sport beschreiben Miriam, Sven und Tim?

Finde die richtige Sportart in den Wörtern unten.

a NISNET

b SBLUSFLA

c IRTEEN

 2 Wer bestellt was?

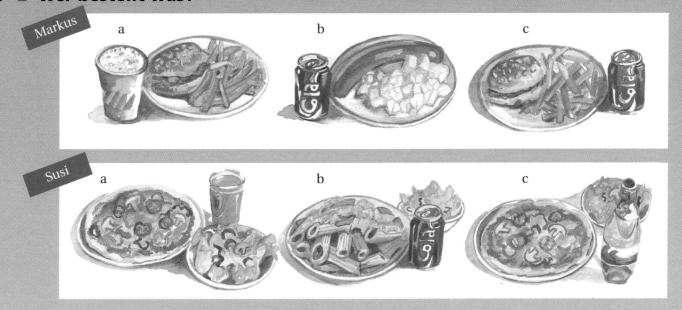

 3 Schreib einen Steckbrief für Anne

Alter:
Seit wann Vegetarierin?
Ißt am liebsten:
Lieblingssport:
Ißt nicht gern:
Sind Eltern Vegetarier?

 4 Vegetarier

Warum ist Katja Vegetarierin? Nenn fünf Gründe.

In the exam, you can only listen twice but at this stage listen as many times as you need to.

5 Fragen zum Bild

- Wie viele Sportarten kannst du hier nennen?
- Schreib zwei Listen.
  Was ist hier gesund? Was ist hier ungesund?
- Was ist hier teuer? Und billig? Und kostenlos?

Du bist dran

1 Treibst du gern Sport?
2 Was für Sportarten treibst du gern/nicht gern?
3 Wie oft machst du das?
4 Spielst du für eine Schul- oder Vereinsmannschaft?
5 Was für Sport siehst du gern?
6 Wie kommst du zur Schule?
7 Was ißt du gern / nicht gern?
8 Was trinkst du gern / nicht gern?
9 Ißt du gern Fast Food? Warum? / Warum nicht?
10 Was meinst du? Vegetarisch essen – ja oder nein?

If you don't understand a word, make the best guess you can from the context.

6 Partnerarbeit

Am Imbiß
Bildet Dialoge.

Currywurst	3,00
Kartoffelsalat	3,00
Pommes	2,00
Frikadelle	3,00
½ Hähnchen	4,50
Mayo/Senf/Ketchup	0,50

A Bitte schön?

B Ich möchte ......

A Mit oder ohne?

B

A Das macht ......

7 Partnerarbeit

Im Restaurant
Partner(in) A ist der Kellner/die Kellnerin
Partner(in) B ist der Kunde/die Kundin

A Bitte sehr?

B

A Und möchten Sie etwas zu trinken?

B

A Hat es Ihnen geschmeckt?

B

A Haben Sie noch einen Wunsch?

B

8 Partnerarbeit

Beim Arzt
– Guten Morgen. Was fehlt Ihnen?
– Ich habe Kopfschmerzen.
– Seit wann haben Sie Kopfschmerzen?
– Seit zwei Tagen. Haben Sie etwas dagegen?
– Ich verschreibe Ihnen Tabletten.
– Wie oft soll ich sie einnehmen?
– Nehmen Sie die Tabletten dreimal täglich mit Wasser nach dem Essen.
– Danke schön.

Bildet weitere Dialoge.

| Kopfschmerzen | Tabletten | Magenschmerzen | die Salbe | Halsschmerzen |
| das Medikament | Heuschnupfen | Hustenbonbons | Fieber | |

9 Welches Menü paßt zu welchem Restaurant?

1

Schoko-Sahne-Becher **DM 4,20**
Vanilleeis mit heißen Himbeeren **DM 5,50**
Bananensplit (m. Bananeneis) **DM 4,80**

2

Bratwurst DM 3,80
Currywurst DM 4.-
Hamburger DM 4,90
Pommes frites DM 2.-

3

Wiener Schnitzel (m. Nudeln und Salat)   DM 11,20
Jägerplatte (versch. Fleisch)   DM 15.-
Filetsteak mit Bratkartoffeln   DM 21,50

4

Gemüseauflauf (mit Tofu)   DM 8,20
Vegetarische Pizza   DM 10.-
Vollkorn-Müslikekse   (6 St.) DM 5,50

a Müslistube
b Eisdiele Agnoli
c Restaurant Waldesruh
d Egons Imbißstube

10 Der Comic ist durcheinandergeraten

Schreib die richtige Reihenfolge (Zahlen 1 – 4) in die Bilder!

11 Sport und Risiko

Welche Unfallreihenfolge ist richtig?

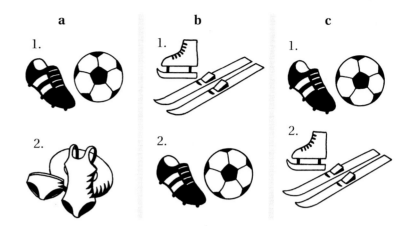

a   b   c

Sport und Risiko

Sport ist gesund - oder etwa nicht? Eine Studie des deutschen Freizeit-Verbandes ist jetzt zu folgendem Ergebnis gekommen: Manche Sportarten sind gefährlich – die Liste der Verletzungen reicht dabei von Arm- und Beinbrüchen bis zu schweren Kopfverletzungen. Die Nummer eins der „Unfall-Hitparade" in Deutschland sind die Wintersportarten (Skilaufen). An zweiter Stelle steht der Lieblingssport der Deutschen, Fußball. Und welche Sportart ist am wenigsten gefährlich? Das Schwimmen, meint die Studie – im Wasser sind Sportler am sichersten.

12 Mach Notizen zu dem Artikel

Henry Maske – Boxer mit Köpfchen

ER PASST eigentlich gar nicht in die Welt des Profiboxsports. Der Ostdeutsche Henry Maske, der am Wochenende durch einen Sieg über den Amerikaner Charles Williams Weltmeister im Halbschwergewicht wurde, entspricht ganz und gar nicht dem negativen Image, unter dem diese Sportart seit Jahren in Deutschland leidet. Und doch könnte er zu einer neuen Symbolfigur werden, so wie Max Schmeling, mit dem er heute schon verglichen wird. Der 29jährige, der verheiratet ist und eine kleine Tochter hat, wurde nach dem Fall der Mauer 1990 Boxprofi. Sein Trainer ist immer noch sein alter Freund Manfred Wolke. Henry Maske gehörte schon als Amateur zu den erfolgreichsten Boxern der Welt. Europameister 1985 und 1987, ein Jahr später Olympiasieger in Seoul, und 1989 Weltmeister – das reichte in der DDR zur Ernennung zum Oberleutnant der Nationalen Volksarmee und zu einer Wohnung in einer Hochhaussiedlung in Frankfurt/ Oder, wo er heute noch wohnt.

Sein Sprung ins Profilager wurde von Experten ziemlich skeptisch beurteilt. Ein Boxer mit Abitur (sein größtes Hobby ist Lesen) – so etwas hatte es bis dahin noch nicht gegeben, und so etwas konnte man sich in der Branche auch gar nicht vorstellen. Seinem eleganten Boxstil gab man ebenfalls nicht viel Zukunft. „Gentleman Henry" wurde er genannt, was in der Boxszene nicht als Kompliment zu werten ist.

Doch jetzt hat er seinen Kritikern gezeigt, daß es nicht darauf ankommt, seinen Gegner brutal k.o. zu schlagen – „Gentleman Henry" zeigt, daß man auch beim Boxen mit Köpfchen und Intelligenz gewinnen kann.

Name:
Alter:
Beruf:
Wohnt in:
Familie:
Größte Erfolge:
Man nennt ihn:
Ausbildung:
usw.

13 Was für Sportarten kann man an deiner Schule machen?

Schreib eine Liste auf deutsch für deine Schulbroschüre.

Making lists helps you to remember 'families' of words which belong together.

14 Du hast diese Anzeige in einer Zeitung gesehen

> **Nichts zu tun in den Sommerferien?**
> Komm doch zur SPORTSCHULE WAGNER.
> Welchen Sport treibst du gern?
> Wir können das arrangieren!
> Tel: 0593 98 76 98

Schreib, was du am Telefon sagst.

15 Eine Umfrage

Deine deutsche
Partnerschule macht
eine Umfrage zum
Thema Fast Food.
Füll ihren Fragebogen
aus.
Bitte so viel wie
möglich schreiben!

> Read the questions
> carefully.

Umfrage: Fast Food

- Wie oft gehst du zum Fast Food-Restaurant?
- Was ißt du normalerweise?
- Was trinkst du?
- Mit wem gehst du hin?
- Wieviel Geld gibst du aus?
- Was findest du gut an Fast Food-Restaurants?
- Was findest du nicht so gut an Fast Food-Restaurants?

Vielen Dank für deine Hilfe!

16 Lebst du gesund oder ungesund?

Schreib Sätze.

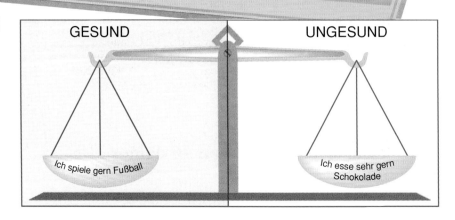

GESUND   UNGESUND

Ich spiele gern Fußball

Ich esse sehr gern Schokolade

Zum Üben

(1, 2, 3, 4: siehe Seite 119)

1 Kennst du die richtigen Personalpronomen?

Schreib Sätze.

Beispiel: Susi (16 Jahre alt)
Sie ist 16 Jahre alt.

1 Tanjas Kleid (rot-weiß)
2 Thomas (einen Computer kaufen)
3 Susis Fahrrad (drei Jahre alt)

4 Karin und Ulf (ins Kino gehen)
5 Meine Freundin und ich (machen gern Sport)
6 Katjas Jacke (sehr schön)

2 Schreib die Tabelle in dein Heft und füll sie richtig aus!

Nominativ	Akkusativ	Dativ
ich		
du		
er/sie/es		
wir		
ihr		
sie		
Sie		

3 Schreib Sätze mit den richtigen Personalpronomen

Beispiel: Ich (du – sehen)
*Ich sehe **dich**.*

1 Er (*ich* – besuchen)
2 Wir (*wir* – kennen – schon lange)
3 ! (*ich* – geben – Buch)

4 Ich (*er* – gehen – ohne)
5 Wie? (*er* – es gehen)
6 Sie (*ich* – mögen)

4 Dick, dicker, am dicksten

Schreib die Sätze richtig auf!

Beispiel: (dick)
a *Martin*
b *Tom*
c *Uwe*

Martin ist dick. Tom ist dicker. Uwe ist am dicksten.

1 (schnell)
   a Ina
   b Tanja
   c Susi

2 (groß)
   a Stefan
   b Kai
   c Ute

3 (ordentlich)
   a Jan
   b Tom
   c Martin

4 (faul)
   a Conny
   b Katrin
   c Sina

5 (billig)   **a**   1,85 DM   **b**    1,40 DM   **c**   1,– DM

Vokabeln Siehe auch S. 68 und 92

*In this and subsequent vocabulary sections, the words and phrases are arranged in topics and divided into lists of: nouns; adjectives/adverbs; verbs; phrases. Nouns are given with their gender (**der, die, das**) and their plural form, where useful. Verbs are given in their infinitive form and prefixes of separable verbs are printed in bold type.*

Sportarten / *Types of sport*

Basketball	*basketball*
Federball/Badminton	*badminton*
Fußball	*football*
Handball	*handball*
Rollschuhfahren	*rollerskating*
Schwimmen	*swimming*
Tennis	*tennis*
Tischtennis	*table tennis*
die Mannschaft	*team*
das Sportzentrum	*sports centre*
der Verein	*club*
billig	*cheap*
kostenlos	*free of charge*
teuer	*expensive*
(Fußball) spielen	*to play (football)*
(Sport) treiben	*to play/do (sport)*
Treibst du gern Sport?	*Do you like (doing) sport?*
Was für Sportarten treibst du gern?	*Which kinds of sport do you like doing?*

Beim Arzt / *At the doctor's*

der Bienenstich	*bee sting*
das Hustenbonbon	*cough sweet*
das Medikament	*medicine*
das Risiko	*risk*
die Salbe	*ointment*
der Schmerz(-en)	*pain*
der Sonnenbrand	*sunburn*
die Tablette(-n)	*tablet*
der Unfall(¨-e)	*accident*
der Verband	*bandage*
die Wespe(-n)	*wasp*
nehmen	*to take*
sich sonnen	*to sunbathe*
verschreiben	*prescribe*
Was fehlt dir/Ihnen?	*What's wrong with you?*
Ich habe Kopfschmerzen	*I've got a headache*
Magenschmerzen	*a stomache ache*
Halsschmerzen	*a sore throat*
Zahnschmerzen	*toothache*
Heuschnupfen	*hayfever*
Fieber	*a temperature*
Mein Kopf tut weh	*My head hurts*
Meine Augen tun weh	*My eyes hurt*

Haben Sie etwas dagegen?	*Do you have anything for it?*
Seit wann haben Sie Kopf-/Zahnweh?	*How long have you had a headache/toothache?*
seit zwei Tagen	*for two days*
seit gestern/letzter Woche	*since yesterday/last week*
seit letztem Montag/heute morgen	*since last Monday/this morning*
einmal/zweimal täglich	*once/twice daily*
vor/nach dem Essen/einer Dusche/einem Glas Wasser	*before/after meals/a shower/a glass of water*

Essen und Getränke / *Food and drink*

der Apfelsaft	*apple juice*
die Banane(-n)	*banana*
die Bratkartoffel(-n)	*fried potato*
die Bratwurst	*fried sausage*
die Cola	*coca cola*
die Currywurst	*curried sausage*
das Eis	*ice cream*
der Eisbecher	*ice cream sundae*
die Frikadelle(-n)	*rissole*
das Fleisch	*meat*
das Gemüse	*vegetables*
das Hähnchen	*chicken*
der Hamburger	*hamburger*
die Himbeere	*raspberry*
der Kaffee	*coffee*
der Kartoffelsalat	*potato salad*
der Keks	*biscuit*
der Kellner(-)	*waiter*
die Kellnerin(-nen)	*waitress*
die Mayo	*mayonnaise*
das Mineralwasser	*mineral water*
das Müsli	*muesli*
die Pommes frites *(pl)*	*chips*
die Rechnung	*bill*
der Reis	*rice*
die Sahne	*cream*
der Salat	*salad*
der Schinken	*ham*
der Senf	*mustard*
das Vollkornbrot	*wholemeal bread*
der Wein	*wine*
das Wiener Schnitzel	*veal escalope Viennese style*
die Wurst	*sausage*
Bitte schön?	*How can I help you?/What would you like?*
Ich möchte ...	*I'd like ...*
Hat es Ihnen geschmeckt?	*Did you enjoy your meal?*
Haben Sie noch einen Wunsch?	*(Would you like) anything else?*
(un)gesund	*(un)healthy*
Ich bin Vegetarier(-in)	*I'm a vegetarian*

1 Hör den Beschreibungen zu

Schreib die passenden Wörter in das Kreuzworträtsel

2 Richtig oder falsch?

	richtig	falsch
1 Phillips Lieblingsfach ist Mathe.	☐	☐
2 Er hat sechs Stunden Mathe in der Woche.	☐	☐
3 Er geht in die 10. Klasse.	☐	☐
4 Französisch mag er gar nicht gern.	☐	☐
5 Montags hat er sieben Stunden Unterricht.	☐	☐
6 Die Schule beginnt um acht Uhr.	☐	☐
7 In den Pausen spielt er meistens Fußball.	☐	☐
8 Er macht seine Hausaufgaben abends.	☐	☐
9 „Manchmal ist Schule Streß", sagt er.	☐	☐
10 Phillip möchte gern Arzt werden.	☐	☐

> **Read the questions carefully before listening to the cassette.**

3 Schule in Deutschland und Schule in Großbritannien

Was sind die Unterschiede? Mach Notizen.

4 Fragen zu den Bildern

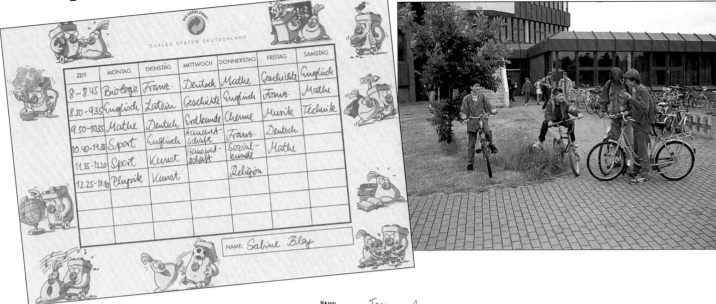

- Welche Unterschiede gibt es zwischen dem Leben in einer englischen und in einer deutschen Schule?
- Was tragen die britischen Schüler?
- Was tragen die deutschen Schüler?
- Was sind die Vor- und Nachteile einer Schuluniform?

Großbritannien oder Deutschland?

Ich habe den ganzen Nachmittag frei.

Schule beginnt um acht Uhr.

In der Mittagspause esse ich in der Kantine.

Wenn ich schlechte Noten bekomme, bleibe ich sitzen.

Du bist dran

1. Was für eine Schule besuchst du?
2. Was ist dein Lieblingsfach? Warum?
3. Wann beginnt und endet die Schule?
4. Beschreib deine Schuluniform.
5. Wie findest du deine Uniform?
6. Was möchtest du lieber tragen?
7. Was findest du gut / nicht so gut in der Schule?
8. Beschreib deinen Lieblingslehrer / deine Lieblingslehrerin.
9. Warst du schon in einer deutschen Schule?
10. Was ist besser – Schule in England oder in Deutschland? Was meinst du?

5 Partnerarbeit

Was fehlt hier?

Beispiel:
A Was haben wir am Montag in der zweiten Stunde?
B Geschichte. Und was haben wir am Montag in der dritten Stunde?
A Englisch.

Partner(in) A (Partner(in) B: Seite 26)

Montag	Dienstag	Mittwoch	Donnerstag	Freitag	Samstag
Naturwissen-schaften		Religion	Geschichte		frei
	Mathe	Naturwissen-schaften		Mathe	Deutsch
Englisch		Naturwissen-schaften			
Mathe	Englisch		Naturwissen-schaften	Erdkunde	Französisch
	Französisch	Sport		Deutsch	frei
frei		Sport	Englisch	frei	frei

6 Was hast du verloren?

Ihr seid beim Fundbüro.
A hat etwas verloren.
B muß Fragen stellen und raten, was das ist.

Beispiel:
A Guten Morgen. Können Sie mir helfen, bitte?
B Ja. Was hast du denn verloren?
A ......
B Wann und wo?
A ......
B Kannst du ihn/sie/es beschreiben?
A ......
B Ist das dein(e) ...... ?

Keep a note of key phrases used for future use.

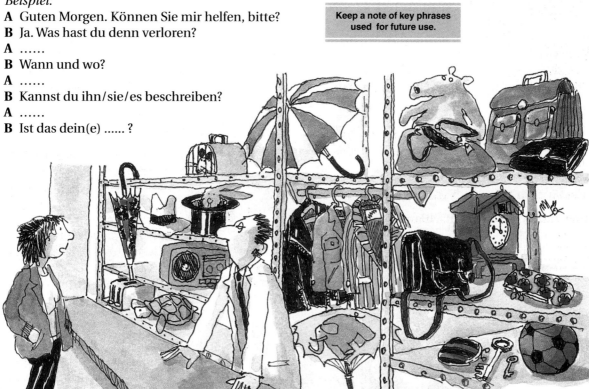

7 Ein Interview

Du interviewst eine(n) deutsche(n) Schüler(in) über einen typischen Schultag.
Welche Fragen stellst du?
Wie antwortet er/sie?

If you need someone to repeat something they've said, you can use a variety of expressions.

Beispiel:
Wann stehst du auf?
Was ziehst du an?
Was trägst du?
Was ißt du zum Frühstück?
Wie fährst du zur Schule?

Wie bitte?
Wiederhole / Wiederholen Sie bitte!
Kannst du / können Sie die Frage wiederholen?
Noch einmal bitte.

Beschreib einen typischen Tag an deiner Schule.

8 Welches Wort paßt nicht?

1 a *Mathematik*   b **Physik**   c Lehrerin   d *Biologie*

2 a Unterricht   b *Pause*   c **Stunde**   d *Schuljahr*

3 a **Deutsch**   b Englisch   c *Informatik*   d **Französisch**

4 a Schultasche   b *Note*   c Zeugnis   d **Aufsatz**

9 Was möchte Frank?

Kreuz das richtige Bild an.

a *Abiturzeugnis*

b

c

„Was soll ich machen?"

„Ich bin 16 Jahre alt und gehe in die 10. Klasse des
Gymnasiums. Meine Eltern wollen unbedingt, daß
ich das Abitur mache. Aber ich bin dafür einfach
nicht geeignet! Seit drei Jahren habe ich in allen
Fächern Nachhilfe-Unterricht. Trotzdem schreibe ich
eine Sechs nach der anderen, obwohl ich bis spät in
die Nacht lerne. Ich möchte so gerne nach der
mittleren Reife KFZ-Mechaniker werden. Aber meine
Eltern sehen nicht ein, daß ich das Gymnasium
nicht schaffe! Bitte hilf' mir – ich bin so verzweifelt!"

Frank aus Deutschland

10 Die Schule vor 100 Jahren

**Dieser Text
beschreibt Schule
in Deutschland vor
100 Jahren.
Mach Notizen.**

Omas Schule für Schüler von heute

In Nürnberg (Süddeutschland) gibt es das erste
deutsche Schul-Museum! In einem original
Schulhaus aus dem 19. Jahrhundert können Schüler
dort hautnah erleben, wie der Schulalltag ihrer
Großeltern aussah. Seit Eröffnung des Museums
kommen jede Woche über 200 Besucher in die alte
Schule. Frauke Niedahl, die Leiterin, erklärt den
Erfolg ihres Museums so: „So ein Museum ist natürlich nicht nur für Schüler interessant - es kommen
auch viele ältere Besucher, die sich an ihre Schulzeit
erinnern möchten." War Schule denn so viel anders
vor 100 Jahren? „Auf jeden Fall", erklärte Frauke
Niedahl. „Es gab in dieser Schule zum Beispiel nur
einen Klassenraum für alle Schüler und
Schülerinnen. Der Lehrer oder die Lehrerin unter-
richtete die verschiedenen „Klassen" alle zur gleichen Zeit. In anderen Schulen gab es nur Mädchen-
oder Jungenklassen." Und wie sah der Unterricht
damals aus?" „Anders!" lacht Frauke Niedahl. „Der
Lehrer hat meist nur vorgelesen, und die Schüler
mußten mitschreiben. Selbständiges Lernen gab es
damals nicht - die Schüler antworteten nur, wenn sie
gefragt wurden. Der Unterricht was damals auch
viel strenger. Disziplin was sehr wichtig. Die Schüler
mußten artig und höflich sein: Sie mußten aufstehen, wenn sie dem Lehrer antworteten. Wer frech
war, der bekam Prügel!" Und was trugen die
deutschen Schüler vor 100 Jahren? Schuluniformen
- die Jungen trugen blaue Matrosenanzüge, und die
Mädchen mußten lange weiße Kleider tragen.....

11 Für oder gegen?

Read the questions carefully.

Welche der Argumente (Sätze) sind für oder gegen getrennten Unterricht (Mädchen und Jungen nicht zusammen)?

a Mädchen müssen so früh wie möglich lernen, sich in der Männerwelt durchzusetzen.

b Sie lernen nicht, mit Jungen „normal" umzugehen.

c Schülerinnen aus Mädchenschulen haben einen schlechteren Start im „richtigen Leben".

d Ohne Jungen lernen Mädchen mehr.

e Jungen werden im Unterricht mehr beachtet als Mädchen.

f Schülerinnen von Mädchenschulen haben bessere Chancen beim Studium.

g Jungen geben Mädchen keine Chance, in „typisch männlichen Fächern" gut zu sein.

Finde die passenden Erklärungen (unten) für die Argumente a–g (oben)!

1 Sie sagen: „Das ist nichts für Mädchen!" und schüchtern die Schülerinnen damit ein.

2 Eine Untersuchung an der Universität Düsseldorf hat ergeben: In den naturwissenschaftlichen Fächern kommen 80 Prozent der weiblichen Studentinnen von Mädchenschulen.

3 Für Schülerinnen ohne Brüder ist die Schule die einzige Möglichkeit, mit Jungen sozialen Kontakt zu haben. In Mädchenschulen haben sie diese Chance nicht – sie sind benachteiligt.

4 Sie haben keine Angst, „dumme" Fragen zu stellen, und sie bestimmen das Lerntempo selbst.

5 Sie haben keinen Kontakt zu Schülern. Sie lernen daher auch nicht, mit Jungen zu diskutieren, zu argumentieren und zu streiten. Nach der Schule – im Beruf oder Studium – wird es für sie deshalb schwieriger sein, sich gegen Männer durchzusetzen.

6 Schülerinnen aus Mädchenschulen wehren sich nicht gegen die Benachteiligung im Unterricht – sie gehen dem Konflikt einfach aus dem Weg.

7 Eine Untersuchung in Hessen hat ergeben, daß Jungen im Unterricht doppelt so oft zu Wort kommen wie Mädchen.

12 Du schreibst eine Broschüre auf deutsch über deine Schule

Zeichne einen Plan von deiner Schule.
Wie heißen die Klassenzimmer auf deutsch?

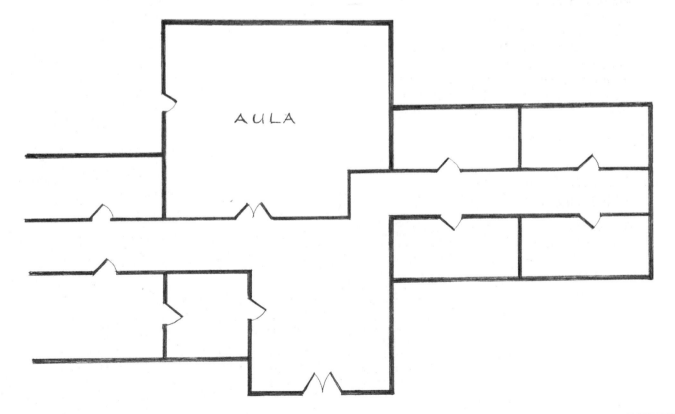

13 Was tragen diese Schüler und Schülerinnen?

Beispiel: Schüler A trägt ...

Wie gefallen dir die Uniformen?
Findest du sie praktisch?

14 Ein Briefpartner schreibt

Du hast diesen Brief von deinem Briefpartner bekommen.
Schreib eine Antwort.

> Wir haben gerade über britische Schulen in der Englischstunde gesprochen. Uniform!
> Schule den ganzen Tag lang! GCSE Prüfungen! Stimmt das alles? Kannst Du mir
> schreiben, wie es in einer britischen Schule ist?

15 Was möchtest du nächstes Jahr machen?

Und danach?
Schreib über deine Zukunftspläne.

> Make sure that you use the correct
> tense for your description.

5 Partnerarbeit

Partner(in) B (Partner(in) A: Seite 23)

Beispiel:
A Was haben wir am Montag in der zweiten Stunde?
B Geschichte. Und was haben wir am Montag in der dritten Stunde?
A Englisch.

Montag	Dienstag	Mittwoch	Donnerstag	Freitag	Samstag
	Deutsch	Religion		frei	frei
Geschichte			Deutsch	Mathe	
	Erdkunde	Naturwissen-schaften	Mathe	Religion	Naturwissen-schaften
Mathe	Englisch	Musik			
Musik			Französisch		frei
frei	Musik	Sport	Englisch	frei	frei

Zum Üben

(1, 2, 3: siehe Seite 121; 4: siehe Seite 125)

1 Setz die Wörter zu Sätzen zusammen

Beispiel:
dem Lehrer – sie – helfen – soll.
Sie soll dem Lehrer helfen

1 ich – machen – Hausaufgaben – muß
2 darf – er – vorlesen – seinen Aufsatz
3 das Buch – soll – holen – sie
4 er – noch nicht – kann – lesen
5 machen – Abitur – ich – möchte
6 will – sie – gehen – aufs Gymnasium

2 Schreib die Sätze richtig auf

Beispiel: Ich gehe zur Schule. (müssen)
Ich muß zur Schule gehen.

1 Sie lernt Französisch. (möchte)
2 Wir schlafen heute aus. (können)
3 Wir gehen früher nach Hause. (dürfen)
4 Du machst deine Hausaufgaben. (sollen)
5 Er bleibt nicht sitzen. (wollen)
6 Sie bleiben im Klassenraum. (müssen)
7 Ihr raucht in der Schule. (nicht dürfen)

3 Setz die Sätze in die Vergangenheitsform (Imperfekt)

Beispiel:
Ich muß das Buch lesen.
Ich mußte das Buch lesen.

1 Du mußt das Buch lesen.
2 Wir dürfen das Buch lesen.
3 Er soll das Buch lesen.
4 Ihr möchtet das Buch lesen.
5 Sie können das Buch lesen.

4 Obwohl

Schreib die Sätze richtig auf.

Beispiel:
Ich mag Physik. Ich mag Chemie nicht.
Ich mag Physik, obwohl ich Chemie nicht mag.

1 Englisch macht Spaß. Der Lehrer ist streng.
2 Ich bin sitzengeblieben. Ich habe viel gelernt.
3 Ich habe ein gutes Zeugnis. Ich bin sehr faul.
4 Ich gehe ins Kino. Ich soll für den Test lernen.
5 Ich komme zu spät. Ich habe mich beeilt.
6 Meine Freundin ist besser als ich. Ich lerne mehr.

Vokabeln Siehe auch S.84

Schulfächer	School subjects
Biologie	biology
Chemie	chemistry
Deutsch	German
Englisch	English
Französisch	French
Fremdsprachen	foreign languages
Geschichte	history
Informatik	information technology
Kunst	art
Latein	Latin
Mathe	maths
Musik	music
Naturwissenschaften	sciences
Physik	physics
Sport	P.E.

Schularten	Types of school
die Gesamtschule	comprehensive school
die Grundschule	primary school
das Gymnasium	grammar school
die Hauptschule	secondary modern school
das Internat	boarding school
der Kindergarten	nursery school
die Partnerschule(-n)	partner school
die Realschule	secondary modern school
die Universität	university
die Volkshochschule	adult education centre

Schulalltag	School daily routine
das Abitur	school leaving exam at 18 (equivalent to A levels)
der Aufsatz(¨-e)	essay
die Bibliothek(-en)	library
das Fundbüro(-s)	lost property office
der Direktor	headmaster
die Direktorin	headmistress
die Hausaufgabe(-n)	homework
die Kantine	canteen
das Klassenzimmer(-)	classroom
der Lehrer(-)	teacher(m)
die Lehrerin(-nen)	teacher(f)
das Lehrerzimmer(-)	staffroom
das Lieblingsfach(¨-er)	favourite subject
das Lunchpaket(-e)	packed lunch
die mittlere Reife	school leaving exam at 16 (equivalent to GCSEs)
die Nachhilfe	private tuition
die Note(-n)	mark
die Pause(-n)	break
die Prüfung(-en)	examination
der Schüler(-)	pupil(m)
die Schülerin(-nen)	pupil(f)
der Schulhof(¨-e)	playground
das Schuljahr	school year

die Schuluniform	school uniform
der Student(-en)	student(m)
die Studentin(-nen)	student(f)
der Stundenplan	timetable
der Test(-s)	test
der Unterricht	teaching/instruction
das Zeugnis	report
die Zukunftspläne	future plans

befriedigend	satisfactory
faul	lazy
fleißig	hard-working
mangelhaft	unsatisfactory
mündlich	oral
pünktlich	punctual
streng	strict
sympathisch	likeable

aufstehen	to get up
ausfallen	to be cancelled
beginnen	to begin
bestehen	to pass (an exam)
bestrafen	to punish
durchfallen	to fail (an exam)
einschüchtern	to intimidate
enden	to end
lernen	to learn
nachsitzen	to do a detention
rauchen	to smoke
sitzenbleiben	to repeat a year
tragen	to wear
unterrichten	to teach/instruct
eine Schule besuchen	to attend a school

Im Klassenzimmer	In the classroom
der Anspitzer (-)	pencil sharpener
der Bleistift (-e)	pencil
das Buch (¨-er)	book
der Computer (-)	computer
das Fenster (-)	window
der Filzstift (-e)	felt tip pen
das Heft (-e)	exercise book
der Kassettenrecorder (-)	cassette recorder
der Korb (¨-e)	bin
die Kreide (-n)	chalk
der Kuli (-s)	biro
das Lineal(-e)	ruler
die Mappe (-n)	school bag
der Rechner (-)	calculator
der Schrank(¨-e)	cupboard
die Schultasche(-n)	school bag
der Stuhl (¨-e)	chair
die Tafel (-n)	board
der Tisch (-e)	table
die Tür (-en)	door
die Wand (¨-e)	wall

Freizeit 3

1 Wer trägt was?

Susi
a   b

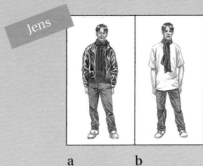
Jens
a   b

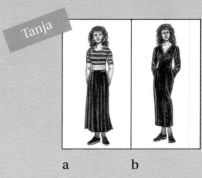
Tanja
a   b

2 Wohin gehen Susi und Thomas?

> Look at the pictures and try to predict what you might be going to hear.

a

b

c

3 Sind die Sätze richtig oder falsch?

	richtig	falsch
1 Tanja		
a Tanja bekommt jeden Monat 100 Mark.	☐	☐
b Sie spart ihr Taschengeld.	☐	☐
c Tanja bekommt nicht genug Taschengeld.	☐	☐
2 Johannes		
a Johannes kommt mit seinem Geld gut aus.	☐	☐
b Er kauft viele Zeitschriften.	☐	☐
c Manchmal geht er ins Kino.	☐	☐
3 Andrea		
a Andrea will sich einen Computer kaufen.	☐	☐
b Sie bekommt 100 Mark Taschengeld.	☐	☐
c Ihre Eltern sagen: „Du mußt sparen!"	☐	☐

4 Computerspiele

Mach Notizen für und gegen Computerspiele.

	Für	Gegen
Beispiel:	*interessant*	*langweilig*

5 Fragen zum Bild

- Welche Hobbys hat Christian?
  Mach eine Liste.
- Wie ist Christian? *Beispiel: Ist er sehr sportlich?*
- Welche von diesen Hobbys gefallen dir gut? Warum?
- Welche von diesen Hobbys gefallen dir nicht so gut?
  Warum nicht?

> **Ich finde** ...... **(nicht)**
> **gut.**
> **Weil** ....

Du bist dran

1 Was für Hobbys hast du?
2 Was machst du abends nach der Schule?
3 Was hast du letztes Wochenende gemacht?
4 Liest du gern? Was liest du gern? Wie oft?
5 Gehst du gern ins Kino oder leihst du lieber Videos aus?
6 Wie oft siehst du fern? Was für Sendungen siehst du gern?
7 Was für Musik hörst du gern?
8 Spielst du ein Instrument? Seit wann?
9 Bekommst du Taschengeld oder verdienst du?
10 Was machst du mit deinem Geld?

6 Partnerarbeit

Was macht ihr heute?
Bilde Dialoge mit deinem Partner/deiner Partnerin.

Beispiel:

A Gehen wir heute einkaufen?
B Ja, gern. Wann treffen wir uns?
A Um Viertel nach neun.
B Und wo?
A Am Bahnhof.
B Abgemacht. Bis dann. Tschüs!

a

b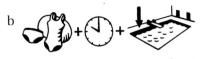

c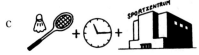

d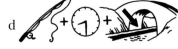

e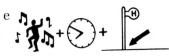

f

7 Partnerarbeit

**Du willst Karten für das Kino kaufen.
Lest den Dialog zusammen.**

– Was läuft heute abend im Kino?
– Rambo 9.
– Was für ein Film ist das?
– Das ist ein Actionfilm.
– Und wann beginnen die
  Vorstellungen?
– Um 19.30 und 22.00.
– Wie alt muß man sein, um den Film
  zu sehen?
– Der Film ist frei ab 16.
– Also zweimal für die 19.30
  Vorstellung bitte.

**Hier ist ein Kinoprogramm.
Macht weitere Dialoge zusammen.**

KINO AKTUELL

SAVOY FILMPALAST, Graf-Adolf-Straße 108

FORREST GUMP (ab 12 J.) 13.30, 17,00, 20.30
THE FLINTSTONES (frei o. A.) 14.30, 17.45, 20.15
VIER HOCHZEITEN UND EIN TODESFALL (ab 6 J.) 17.00,
20.45, 23.00
TRUE LIES - WAHRE LÜGEN 15.00, 18.15, 22.45

Record your dialogue. Does it
sound good to you? Can your
friend understand it?

8 Partnerarbeit

**Hier sind die Kalender von zwei
Freunden.
Wann und wo treffen sie sich?
Was machen sie zusammen?
Bildet einen Dialog.**

Partner(in) A:
(Partner(in) B: siehe Seite 32)

JULI 1996

29 Montag

20.00 Party

30 Dienstag

31 Mittwoch

14.00–16.00
Tenniskurs

AUGUST 1996

Donnerstag 1

Freitag 2

19.45 Kino

Samstag 3

Sonntag 4

bei Großmutter

9 Freizeit in der Stadt

Wie heißt das auf englisch?

a *Videoclub* b Konditorei Meyer c *Eishalle am Ring*

d **Der Computerspezialist** e Die Bücherstube f **Für Muskelmänner und -frauen Studio 1 (mit Sauna)**

g Eisdiele Agnoli h *Peters Plattenladen*

i **Alte Zeche Sa: Techno-Nacht**

10 Wer sieht welchen Film?

1 Interview mit einem Vampir

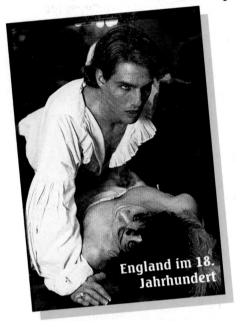

England im 18. Jahrhundert

Mit dem deutschen Komiker – lachen auch Sie!

2 Otto – der Film

Hier ist was los!

3 Speed

Der Film über die Beatles – mit der Musik der Beatles

4 Backbeat

a Englische und amerikanische Filme sind immer gut. Aber am liebsten mag ich Horror- und historische Filme.

b Ich mag Actionfilme!

c Ich mag die Musik der 60er Jahre.

d Im Kino will ich lachen und nicht weinen!

e Liebesfilme finde ich langweilig – im mag es explosiv!

f Ich sehe am liebsten Filme aus Deutschland.

8 Partnerarbeit

Partner(in) B:
(Partner(in) A: Seite 31)

JULI 1996

29 Montag
10.15 Zahnarzt

30 Dienstag
13.00–17.00 bei Tante Emilia

31 Mittwoch

AUGUST 1996

Donnerstag 1
16.00 Schwimmen

Freitag 2
15.30 Friseur

3 Samstag

Sonntag 4

11 Mode 95

Welche Wörter passen am besten?

a modisch
b lässig-leger
c einfarbig
d sportlich
e individuell
f teuer
g aus zweiter Hand

1 Miriam, 16 Jahre
Mein schwarz-gelbes Kleid ist vom Flohmarkt, und die Ohrringe gehören meiner Oma. Die neueste Mode ist nicht wichtig für mich. Ich habe meinen eigenen Stil und trage, was mir gefällt.

2 Dieter, 15 Jahre
Ich gebe viel Geld für meine Klamotten aus. Meine Jeans und meine Jacke sind Markenprodukte, keine billigen Kopien. Ich finde das sehr wichtig.

3 Volker, 16 Jahre
Ich trage Jeans und Sportschuhe. Meine Klamotten sind bequem – das ist für mich am wichtigsten.

4 Sandra, 16 Jahre
Ich meine, Kleider machen Leute. Mode ist für mich wichtig. Im Moment trage ich schwarze Sachen: ein schwarzes Kleid, schwarze Strümpfe und schwarze Schuhe – das ist jetzt in.

12 Mach Notizen zu dem Artikel

Markus macht Popcorn. Er verzichtet auf Freibad und Ferienspaß. Stattdessen steht er in einem bunt bemalten Wagen und füllt Popcorn in Tüten oder verkauft Zuckerwatte. Manchmal 11 Stunden am Tag. Jeden Morgen muß Markus früh aufstehen. Denn er wohnt in Bad Münstereifel, und sein Arbeitsplatz, der Erlebnispark Phantasialand, ist dreißig Kilometer entfernt. Sein Freund Peter nimmt ihn im Auto mit. Um neun Uhr öffnet der Park. Bei gutem Wetter bleiben einige Gäste bis zur letzten Minute. Wenn die beiden nach Hause kommen, sind sie meistens todmüde.

Peter hatte Markus von dem Job erzählt. Markus schickte eine schriftliche Bewerbung. Die Antwort war positiv: Er durfte sich vorstellen. Zuerst machte er eine kurze Schulung. Dann bekam er seinen Platz in dem Popcorn-Wagen. Markus gefällt die Arbeit. Viele Besucher fragen ihn auch nach einzelnen Attraktionen des Parks. Dann gibt der Sechzehnjährige freundlich und selbstsicher Auskunft.

Name...
Alter...
Job...
Wohnt in...
Arbeitstag...
Wie findet er die Arbeit?

Pick out key words and then use them in a summary.

13 Du möchtest einen Briefpartner haben

Du schreibst an eine Jugendzeitschrift. Vergiß nicht, folgende Informationen
zu geben:
- Name
- Alter
- Adresse
- Hobbys

14 Was machst du mit deinem Geld?

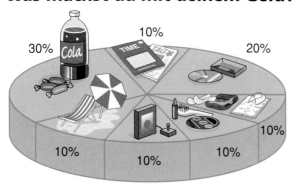

Eine Klasse aus einer deutschen Schule hat eine
Umfrage zum Thema
„Was machst du mit deinem Geld?" gemacht. Hier
sind die Resultate.
Schreib Sätze, um die Resultate klar zu machen.

15 Du hast diesen Brief von deinem neuen Briefpartner bekommen

Schreib eine Antwort.

> Ich gehe jedes Wochenende ins Kino. Am liebsten sehe ich Actionfilme. Romantische
> Filme kann ich überhaupt nicht leiden. Ich finde sie furchtbar!
> Was für Filme siehst Du gern? Gehst Du oft ins Kino oder leihst Du Videos aus?
> Wer ist Dein Lieblingsfilmstar?

16 Andreas Wochenende

Was hat sie gemacht? Was meinst du?
Wie hat Andreas Wochenende geendet?
Schreib die Geschichte weiter.

Draft notes in rough first.

Zum Üben

(2: siehe Seite 120)

1 Wie wäre es mit...?

Wie wäre es	mit Fernsehen? mit Tennis?
Möchtest du	fernsehen? Tennis spielen?
Hast du Lust	fernzusehen? Tennis zu spielen?

Schreib Fragen.

2 Wo treffen sie sich?

Schreib die richtigen Präpositionen auf.

1 .... Jugendzentrum   5 .... Videoladen
2 .... Stadt   6 .... Skateboardbahn
3 .... Bahnhof   7 .... Parkhaus
4 .... Eisdiele

3 Was magst du gern/nicht gern?

Bilde Sätze.

Beispiele:
Ich gehe gern ins Kino.   *Ich gehe nicht gern ins Kino.*

1    **2**    **3**    **4**

5    **6**    **7**    **8**

4 Schreib die Sätze richtig auf

1 Ich	lesen	gern teure Jeans
2 Tom	tragt	mein Taschengeld
3 Tanja	spare	einen Ferienjob
4 Wir	bekommt	oft ins Kino
5 Du	gehen	50 Mark im Monat
6 Uwe und Anja	findest	am liebsten Zeitschriften
7 Ihr	hat	Mode sehr wichtig

Vokabeln Siehe auch S.20

Allgemeines	*General*
die Briefmarke(-n)	*stamp*
die Brücke(-n)	*bridge*
das Buch("-er)	*book*
die Bushaltestelle(-n)	*bus stop*
die CD (-s)	*CD*
das Computerspiel(-e)	*computer game*
die Eishalle(-n)	*ice rink*
das Eisstadion(-stadien)	*ice rink*
die Ferien	*holidays*
der Flohmarkt	*flea market*
der Friseur	*hairdresser*
das Getränk(-e)	*drink*
die Hochzeit (-en)	*wedding*
das Hobby(-s)	*hobby*
das Instrument(-e)	*instrument*
das Jahrhundert (-e)	*century*
die Karte(-n)	*card*
die Kassette(-n)	*cassette*
das Kino	*cinema*
der Komiker	*comedian*
die Konditorei(-en)	*cake shop*
der Laden("-)	*shop*
der Liebesfilm(-e)	*romantic film*
der Lieblingsfilm(-e)	*favourite film*
das Make-up	*make up*
die Musik	*music*
der Muskelmann("-er)	*muscle man*
die Platte(-n)	*record*
das Schwimmbad("-er)	*swimming pool*
die Sendung(-en)	*programme*
die Spannung	*excitement, tension*
die Süßigkeit(-en)	*confectionery*
das Tagebuch("-er)	*diary*
das Taschengeld	*pocket money*
der Tenniskurs(-e)	*tennis course*
der Todesfall ("-e)	*death*
die Vorstellung(-en)	*performance*
das Wochenende	*weekend*
die Zeitschrift(-en)	*magazine*
aus zweiter Hand	*second-hand*
bequem	*comfortable*
einfarbig	*all in one colour*
furchtbar	*awful*
individuell	*individual*
interessant	*interesting*
langweilig	*boring*
lässig	*casual*
logisch	*logical*
modisch	*fashionable*
romantisch	*romantic*
schlaflos	*sleepless*
sportlich	*sporty*
traurig	*sad*
angeln	*to fish*
ausgeben	*to spend (money)*

ausleihen	*to lend/borrow*
basteln	*to do handicrafts*
bekommen	*to get/obtain*
denken	*to think*
fernsehen	*to watch TV*
gefallen (es gefällt mir)	*to please (I like it)/ to like*
kaufen	*to buy*
lachen	*to laugh*
lesen	*to read*
sammeln	*to collect*
schwimmen	*to swim*
sparen	*to save*
tanzen	*to dance*
tragen	*to wear, carry*
treffen	*to meet*
verdienen	*to earn*
weinen	*to cry*

Ich gehe ins Kino	*I'm going to the cinema*
Ich höre gern Musik	*I like listening to music*
Ich mache gern Fotos/Ich fotografiere gern	*I like taking photos*
Ich fahre gern Rollschuh	*I like roller skating*
Gehen wir heute einkaufen?	*Shall we go shopping today?*
Wann treffen wir uns?	*When shall we meet?*
Abgemacht!	*Agreed!*
Wie wäre es mit...?	*How about ...?*
Bis dann!	*Till then!*
Was läuft heute abend im Kino?	*What's on at the cinema tonight?*
Was für ein Film ist das?	*What sort of film is that?*
Der Film ist frei ab 16	*The film category is 16+*
Zweimal/Zwei Karten für die 20.30 Vorstellung bitte	*Two tickets for the 20.30 performance, please*
Romantische Filme kann ich nicht leiden	*I can't stand romantic films*
Am liebsten sehe ich Actionfilme	*I like watching action films best of all*
Ich finde ... furchtbar	*I think ... is awful*

Musikinstrumente	*Musical instruments*
die Blockflöte(-n)	*recorder*
das Cello(-s)	*cello*
der Dudelsack("-e)	*bagpipes*
die Flöte(-n)	*flute*
die Geige(-n)	*violin*
die Gitarre(-n)	*guitar*
das Keyboard(-s)	*keyboard*
die Klarinette(-n)	*clarinet*
das Klavier(-e)	*piano*
die Mundharmonika(-s)	*mouth organ*
die Posaune(-n)	*trombone*
das Saxophon(-e)	*saxophone*
das Schlagzeug(-e)	*drum kit*
die Trommel(-n)	*drum*
die Trompete(-n)	*trumpet*

1 Wie ist das Wetter?

a

b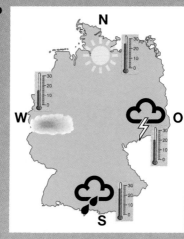

c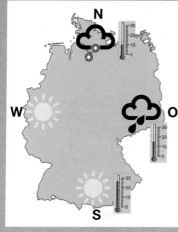

2 Mach Notizen

Name:	Sendung:
Alter:	Bevor VIVA:
Kommt aus:	Hobbys:
Seit wann bei VIVA:	

3 Richtig oder falsch?

	richtig	*falsch*
1 Petra ist 17 Jahre alt.	☐	☐
2 Sie wohnt in Norddeutschland.	☐	☐
3 Sie interessiert sich für US-Unterhaltungssendungen.	☐	☐
4 Sie sieht nicht viel fern.	☐	☐
5 Politische Sendungen findet sie langweilig.	☐	☐
6 Petra hat kein Kabelfernsehen.	☐	☐
7 Sie liest Tageszeitungen.	☐	☐
8 Sie interessiert sich sehr für politische Sendungen.	☐	☐

Preparation is important. Get yourself into a listening routine.

4 Welcher Satz paßt am besten?

a Die Toten Hosen
möchten auch gern im Ausland erfolgreich sein.

b Die Toten Hosen
wollen auf englisch singen – sie wollen in Amerika berühmt werden.

c Die Toten Hosen
finden ihren Erfolg in Deutschland am wichtigsten.

Jot down notes while you listen.

5 Beantworte diese Fragen für dich selber!

- Was siehst du gern im Fernsehen? Warum?
- Wie oft siehst du fern und für wie lange?
- Wo siehst du meistens fern?
- Was ist deine Lieblingssendung? Warum?
- Wer ist dein Lieblingsfernsehstar? Warum?
- Was für Musik hörst du gern? Warum?
- Was ist deine Lieblingsgruppe?
- Hast du einen Lieblingssänger/eine Lieblingssängerin?
- Singst du gern?
- Was liest du gern?
- Kaufst du oft Zeitschriften? Welche?
- Gehst du manchmal ins Theater oder Kino?

6 Partnerarbeit

Was macht ihr heute?
Bildet Dialoge.

A Was machen wir heute abend?

B – + ?  + ?  + ?

A Ja, gern. Wann treffen wir uns?

B – `10:00`   `11:30`   `14:45`

A Und wo?

B –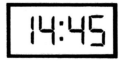

A Abgemacht. Bis dann. Tschüs.

Erfindet neue Beispiele.

> Use this role play in some other situations, e.g. going to the disco, the cinema or a party.

7 Was läuft heute abend im Kino?

Lest den Dialog zusammen.

A Was läuft heute abend im Kino, bitte?
B *Katzenfreunde* und *Shalamar*.
A Wann beginnt *Katzenfreunde*?
B Um 20:00.
A Und wann endet der Film?
B Um 21:45.
A Was für ein Film ist das?
B Ein *Zeichentrickfilm*.
A Danke schön. Auf Wiederhören.

Hier sind die neuesten Filme. Bildet weitere Dialoge zusammen.

Partner(in) A ruft im Kino an. Er/sie möchte Informationen.

Partner(in) B arbeitet im Kino. Beantworte die Fragen.

17.30/19.30/(außer Mi.)
Erstaufführung
Vier Hochzeiten und ein Todesfall
GB 1993 – 117 Min. – Regie: Mike Newell – mit Hugh Grant, Andie MacDowell, James Fleet, Simon Callow, Kristin Scott Thomas
„Wenn ein Film je einer Hochzeitstorte gleich kam, dann dieser..." *The New York Times*

17.15/20.00/22.00 Erstaufführung
Forrest Gump
USA 1994 – 142 Min. – Regie: Robert Zemeckis – mit Tom Hanks, Robin Wright, Gary Sinise, Sally Field, Mykelti Williams

Die Welt wird anders sein, wenn man sie mit den Augen von Forrest Gump gesehen hat.

Forrest Gump ist die Geschichte eines Südstaatlers mit einem sehr niedrigen Intelligenz-Quotienten, aber einem großen Herzen und viel Optimismus, der es schafft, Football-Star und Vietnam-Kriegsheld zu werden, drei amerikanischen Präsidenten zu begegnen, der wahren und einzigen Liebe seines Lebens beweisen zu können, wie sehr er sie liebt und ein Millionen-Vermögen im Shrimp-Fang zu erlangen. 30 Jahre amerikanische Geschichte in einer Zeit, in der Amerika seine Unschuld verliert, erzählt und kommentiert von eben jenem Forrest Gump.

8. 12. – 14. 12. 1994
13.45 Uhr, 16.00 Uhr, 18.15 Uhr
Schneewittchen und das Geheimnis der Zwerge
Wunderschön und liebreizend ist sie: Schneewittchen, des Königs einzige Tochter. Während er sich auf dem Kreuzzug befindet, muß sie daheim bleiben, bei ihrer bösen Stiefmutter. Die trachtet der Prinzessin nach dem Leben, da sie es nicht ertragen kann, daß Schneewittchen von Tag zu Tag schöner wird ...
BRD 1992. 90 Min.; ohne Altersbeschränkung, empfohlen ab 6 Jahre

16. 2. – 22. 2. 1995
14.00 Uhr, 16.00 Uhr, 18.00 Uhr
Die Schlümpfe und die Zauberflöte
85 Min. - ab 6 Jahre
In einem mittelalterlichen Königreich: Eine zum Tanzen zwingende Zauberflöte fällt einem Bösewicht in die Hände, dessen verbrecherischem Treiben erst ein Ende gesetzt werden kann, als der "Hofnarr" und der junge Prinz aus dem Zwergenreich eine gleichartige Flöte beschaffen.

8 Zwei Freundinnen sehen abends sehr gern fern

**Hier sind ihre Lieblingssendungen, die sie nicht verpassen wollen.
Wann treffen sie sich?
Bildet einen Dialog.**

Beispiel:
A Was siehst du heute abend im Fernsehen?
B Ich sehe „A-Z Lifeshow" um 17.00. Und du?
A Ich sehe „The Munsters" um 17.05 – und danach?
B Ich sehe ....

17.00 Die Melchiors
26teilige Serie, BRD 1971
17.25 N3 regional
17.30 Der kleine Vampir (11)
18.00 Hallo Spencer
18.30 Unser Sandmännchen
18.35 N3 regional
18.45 DAS! –
Das AbendStudio
Heute u.a.: DAS! kocht und Der heiße Draht
19.30 N3 regional
20.00 Tagesschau
Nachrichten und Wetter
20.15 N3 Reportage
20.45 extra drei/dry – Die wahre Wochenschau
Moderation: H.-J. Börner
21.15 Die aktuelle Schaubude
Unterhaltungssendung
22.00 NDR Talk Show
Mod.: Sabine Sauer und Björn Hergen Schimpf.
Gäste: Wolfgang Gruner, Dieter Hildebrandt, Thomas Freitag, Katja Ebstein und andere

17.00 A – Z Lifeshow
Kinderprogramm
17.15 U 30
Magazin
18.00 N.R.W. Nachrichten
18.05 KuK Magazin
18.30 Konto Verbrauchertips
18.45 Aktuelle Stunde
Nachrichten und Sport
19.25 Fensterprogramme der Landesstudios
19.45 Kind und Kegel
Elternmagazin
20.15 Stadl-G'schichten (1)
Mit Karl Moik und seinen Gästen
21.00 WDR aktuell
21.15 Lustfaktor 10
Kein Spiel für Schüchterne.
Moderation: Michael Gantenberg
22.00 B. trifft...
Begegnung bei Böttinger.
Talkmagazin
23.00 Rückblende
23.15 Bernd Alois Zimmermann: Musique pour les soupers du Roi Ubu (1966)

17.00 Rundschau
17.05 The Munsters
Kinderprogramm
17.30 Herzklopfen
18.00 Rundschau
18.05 Bayern live
18.43 Abend-Vorstellung
18.45 Rundschau
19.00 Unser Land Magazin
19.50 Polizeiinspektion 1
Heute: Fluchtversuch
anschl.: Rundschau
20.15 Parzival und die Welt der Ritter
Eine Dokumentation über Wolfram von Eschenbach
21.00 Rundschau-Magazin
21.20 Fall auf Fall –
Jedem sein Recht!
21.45 Kanal fatal
Die Sketchshow
anschl.: Rundschau
22.20 Sport heute
22.35 nachtClub
Talkshow
23.50 Itzhak Perlman und Daniel Barenboim spielen (2)

Heute: Grünes Juwel am kaspischen Meer (1)
17.00 „Es war einmal..."
17.30 Hallo Spencer
18.00 Die Curiosity-Show
18.25 Die Perishers
18.30 „Hallo, wie geht's"
18.40 Bocksprünge (3)
Mit Heinz Schenk und seinen Gästen
19.28 hessen-3-tip
19.30 Hessenschau
20.00 Tagesschau
20.15 City
Hauptsache Kultur
Mod.: Dieter Bartetzko
21.10 3 zwischen 9 und 1
21.15 1200 Jahre Frankfurt/Main
Der historische Hochseillauf des Philippe Petit Dokumentation über die technischen Vorbereitungen
22.00 NDR-Talk-Show
Mod.: Sabine Sauer und Björn Hergen Schimpf.
Gäste: Thomas Freitag, Katja Ebstein und andere

17.00 Telekolleg II
Sozialkunde (7) (Wdh.)
17.30 Von Rom zum Rhein – die Römer (5) (Wdh.)
18.00 Menschen u. Tiere (66)
18.24 Kinder-Verkehrssport
18.25 Unser Sandmann
18.30 Südwest aktuell
18.35 „Hallo, wie geht's?"
18.50 Fahr mal hin (Wdh.)
(Nicht über Satellit!)
19.19 Heute abend in Südwest 3
19.20 Landesprogramme
20.00 Tagesschau Nachrichten
20.15 Sport 3 extra
Eishockey:
Deutschland-Cup
Berichterstattung vom Spiel: Deutschland – Slowakei
In der Pause, ca. 21.00 Uhr Nachrichten
22.30 Nachtcafé
Talkshow
Mod.: Wieland Backes
Thema: Wechseljahre – ab zum alten Eisen oder auf zu neuen Ufern?

Schlüssel
A = ✓   B = ▬▬▬
(N.B. Hausaufgabe: mindestens 2 Stunden; Bett: spätestens 22.00)

9 Wer sieht am meisten fern?

Welche Reihenfolge ist richtig?

Die Fernseh-Hitparade

Die Amerikaner haben das Fernsehen erfunden – sind sie immer noch die Fernsehnation Nummer eins? Das wollte eine internationale Studie wissen. Das Ergebnis: Deutschland ist es nicht – Die Deutschen sehen pro Tag nicht mehr als dreieinhalb Stunden fern. Die "Fernseh-Weltmeister" sind die Japaner – sie sitzen täglich sechseinhalb Stunden vor der "Glotze". Und was ist mit den amerikanischen Fernsehfans? Die Studie kam zu dem Ergebnis: Die Amerikaner sehen pro Tage nur noch viereinhalb Stunden fern!

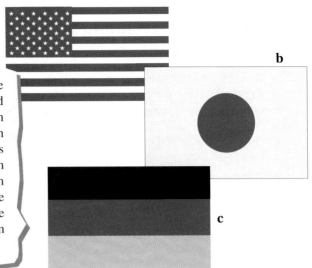

10 Kreuz die richtigen Sätze an!

In Deutschland gibt es drei staatliche Fernsehsender: ARD, ZDF und die Dritten Programme. Jedes westdeutsche Bundesland produziert sein eigenes Drittes Programm; in den östlichen Bundesländern gibt es ein Drittes Programm. Die staatlichen Kanäle sind traditionell „anspruchsvoll" und informativ. Seit Mitte der achtziger Jahre gibt es in Deutschland auch Kabelfernsehen – und private deutsche Fernsehsender, z.B. RTL, SAT1, DSF, VIVA, PRO 7 und 3sat. Diese TV-Stationen senden vor allem Seifenopern, Spielfilme, Spiel-Shows, Sport und Musik. Wer Kabelfernsehen hat, der kann in Deutschland auch 15 bis 20 internationale Kabel- und Satellitensender wie MTV, Super Channel, und Euro Sport empfangen – die Auswahl ist groß!

Die Deutschen gehören zu den eifrigsten Zeitungslesern der Welt. Kein Wunder – in fast keinem Land gibt es so viele Tageszeitungen wie in Deutschland: Neben den großen nationalen Zeitungen erscheinen täglich über 600 regionale Tageszeitungen! Und wer sich weiter informieren will, der liest eine der großen politischen Wochenzeitungen (z.B. *die Zeit*) oder das angesehene Nachrichtenmagazin *DER SPIEGEL*. Doch auch für Leute, die sich beim Lesen entspannen und unterhalten wollen, ist gesorgt: Sie können zwischen über 1000 Mode-, Jugend-, Fernseh-, Hobby- und anderen Unterhaltungszeitschriften wählen!

a In Deutschland gibt es mehr Tageszeitungen als Zeitschriften. ☐
b Es gibt in Deutschland mehr Zeitschriften als Tageszeitungen. ☐
c In Deutschland gibt es mehr staatliche Kanäle als Kabelsender. ☐
d Es gibt in Deutschland mehr private als staatliche Fernsehsender. ☐

> Don't panic if you don't understand everything. Pick out the key words.

11 Zu wem (Saskia, Jessica oder Kai) paßt welcher Satz?

Kai (17 Jahre): „Also, wenn Werbung lustig und frech ist, dann kommt sie auch bei Jugendlichen an! Einige Werbekampagnen sind richtig witzig; da findet man dann auch das Produkt toll! Ich finde, Reklame kann schon beeinflussen – sie muß eben für ein jugendliches Publikum gemacht sein!"

Saskia (16 Jahre): „Ich glaube nicht, daß sich Jugendliche sehr von der Werbung beeinflussen lassen – niemand kauft etwas, nur weil er es in der Werbung sieht! Im Gegenteil: Werbung für junge Leute ist oftmals so plump, daß sie eher abstößt: Da wird mit Schlagwörtern und Werbesprüchen geworben, die kein normaler Jugendlicher benutzt!"

Jessica (17 Jahre): „Die meisten jungen Leute richten sich nach Gleichaltrigen: Man trägt zum Beispiel die Klamotten, die in der Clique angesagt sind. Werbung spielt dabei eigentlich keine Rolle!"

1 Die Meinung anderer Jugendlicher ist wichtiger.
2 Werbung kann amüsant sein.
3 Werbung kann negativ sein.

Was ist positiv, was ist negativ an Werbung?
Lies den Artikel noch mal und mach zwei Listen.

12 Was ist deine Meinung?

Welche der folgenden Argumente sind pro oder kontra Kabel- und Satellitenfernsehen?

a Über 20 Fernsehkanäle sind zuviel.

b Es gibt immer nur Wiederholungen, Spielshows und Sportsendungen.

c Bei so vielen Kanälen findet man immer eine Sendung, die einem gefällt.

d Kabelfernsehen heißt nicht: der Fernseher läuft den ganzen Tag. Man hat mehr Auswahl – das ist alles.

e Jeder kann selbst entscheiden, was er sehen will – man kann umschalten und sich ein interessanteres Programm suchen.

f Die Zuschauer „konsumieren" nur noch – das Fernsehen ist nur noch Unterhaltung.

g Man schaltet immer hin und her: Man kann sich für keines der vielen Programme entscheiden.

h Wer Kabelfernsehen hat, hat auch mehr Programmangebot.

13 Wie sind die Resultate dieser Umfrage?

Beispiel: 10 Leute sehen am liebsten Sportsendungen.

Was siehst du am liebsten im Fernsehen?

Sportsendungen	10
Serien	15
Nachrichten	2
Musiksendungen	21
Quizshows	16
Filme	19
Zeichentrickfilme	16
Dokumentarfilme	6

> Not all information in the exam is presented as plain text. It is sometimes in other forms like this graph.

14 Ein Interview

Du interviewst den bekannten Rockstar Bernd Bayer für eine Zeitschrift.

Hier ist dein Bericht.

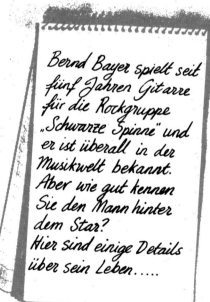

Bernd Bayer spielt seit fünf Jahren Gitarre für die Rockgruppe „Schwarze Spinne" und er ist überall in der Musikwelt bekannt. Aber wie gut kennen Sie den Mann hinter dem Star? Hier sind einige Details über sein Leben.....

Name: Bernd Bayer
Geburtstag: 28.8.76
Geburtsort: Stuttgart
Familie: Schwester (Birgit) in London (Studentin), Bruder (Boris) in Berlin (Schauspieler), Eltern in Stuttgart
Größe: 1,75m
Gewicht: ca. 90kg
Haarfarbe: Dunkelbraun
Augenfarbe: Braun
Hobbys: Musik und Billiard
Wohnort: Basel in der Schweiz
Lieblingsfilm: Amadeus
Lieblingsfarbe: Schwarz
Lieblingsessen: Pizza

Schreib weiter!

15 Sieh dir die Wetterkarte von Europa an

Schreib einen
Wetterbericht für
morgen!
Du könntest deinen
Bericht auch auf
Kassette oder auf
Video aufnehmen!

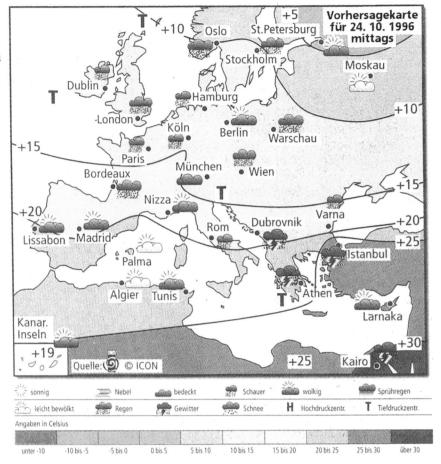

sonnig	Nebel	bedeckt
leicht bewölkt	Regen	Gewitter

Schauer — wolkig — Sprühregen
Schnee — H Hochdruckzentr. — T Tiefdruckzentr.

Angaben in Celsius

unter -10 · -10 bis -5 · -5 bis 0 · 0 bis 5 · 5 bis 10 · 10 bis 15 · 15 bis 20 · 20 bis 25 · 25 bis 30 · über 30

16 Lies diesen Brief

Kiel, den 12. Januar

Lieber Daniel,

vielen Dank für Deinen letzten Brief, den ich gestern erhalten habe. Er hat mir sehr gut gefallen. Wie geht es Dir? Und Deiner Familie?

Hier in Kiel ist das Wetter momentan sehr schlecht und ich kann nicht nach draußen gehen und Fußball spielen. Wie ist das Wetter bei Euch?

Gestern abend bin ich in ein Konzert gegangen. Das war ausgezeichnet! Die Gruppe heißt „Die Skorpions" – das ist eine bekannte Rockgruppe bei uns. Was für Musik hörst Du gern? Hast Du eine Lieblingsgruppe oder einen Lieblingssänger? Gehst Du oft in Konzerte? Spielst Du selber ein Instrument? Ich lerne Gitarre. Das macht mir viel Spaß!

Schreib bald!
Dein
Andreas

Use phrases from the letter to help you write your own.

Wie antwortet Daniel? Schreib einen Brief!

Zum Üben

(1, 2, 3: siehe Seite 122; 4: siehe Seite 125)

1 Das Futur

Kennst du alle Formen des Futurs? Schreib sie auf!

	werden +	*Infinitiv*
ich	......	fahren
du	......	fahren
er/sie/es	......	fahren
wir	......	fahren
ihr	......	fahren
sie	......	fahren
Sie	......	fahren

2 Wie wird das Wetter morgen?

Beispiel:

Morgen wird es regnen.

1   3   5   7

2   4   6

20

3 Medien der Zukunft

Setz die Sätze richtig zusammen.

1 elektronische – wird – Zeitschriften – es – geben
2 wir – erfinden – Solarfernsehen – werden – das
3 Haus – haben – jedes – Computerzentrale – eine – wird
4 werden – werden – immer – Computer – billiger
5 keine – geben – Radios – es – wird
6 altmodisch – werden – sein – CDs
7 wird – Telefone – geben – es – keine
8 All – Werbung – kommen – die – wird – dem – aus

4 Bilde *wenn*-Sätze

Beispiel:
Ich sehe zuviel fern. Meine Augen tun weh.
Wenn ich zuviel fernsehe, tun meine Augen weh.

oder:
Er schaut Kabelfernsehen. Er ist bei seinem Freund.
Er schaut Kabelfernsehen, wenn er bei seinem Freund ist.

1 Es regnet. Ich werde zu Hause bleiben.
2 Ich will mich informieren. Ich lese Zeitung.
3 Ich langweile mich. Ich schalte den Fernseher an.
4 Wir werden ins Schwimmbad gehen. Morgen scheint die Sonne.
5 Ich höre am liebsten Musik. Ich bin in meinem Zimmer.
6 Ich mache Hausaufgaben. Ich höre Radio.
7 Das Wetter wird nicht besser. Wir können nicht in Urlaub fahren.
8 Ich schaue Kabelfernsehen. Ich will Unterhaltung.

Vokabeln

Das Wetter	Weather
das Gewitter	storm
das Glatteis	black ice
der Hagel(stein)	hail(stone)
der Himmel	sky
die Hitze	heat
die Kälte	cold
der Nebel	fog
der Regen	rain
der Schnee	snow
die Sonne	sun
der Wetterbericht	weather report
die Wetterkarte	weather map
die Wettervorhersage	weather forecast
der Wind	wind
bedeckt	overcast
bewölkt	cloudy
blitzen	to flash (lightening)
donnern	to thunder
heiter	bright
kühl	cool
naß	wet
neblig	foggy
regnen	to rain
regnerisch	rainy
scheinen	to shine
schneien	to snow
schwül	close
sonnig	sunny
stürmisch	stormy
windig	windy
wolkig	cloudy
Es regnet	It's raining
Es ist warm/kalt	It's warm (hot)/cold
Es schneit	It's snowing
Es donnert und blitzt	It's thundering and lightening
Die Sonne scheint	The sun's shining
Es friert	It's freezing

Massenmedien	Mass media
der Actionfilm(-e)	action film
die Auswahl (no pl)	choice
der Dokumentarfilm(-e)	film documentary
der Erfolg(-e)	success
der Fernsehfan(-s)	TV fan
der Fernsehsender(-)	TV channel
die Fernsehsendung(-en)	TV programme
die Glotze	'telly', 'box'

die Hitparade	hit parade
das Kabelfernsehen	cable television
der Kanal(¨-e)	channel
das Konzert(-e)	concert
die Lieblingsgruppe(-n)	favourite group
der Lieblingssänger(-)	favourite singer
die Musiksendung(-en)	music programme
die Nachrichten (pl)	news
das Nachrichtenmagazin	news magazine
die Quizshow(-s)	quiz show
das Satellitenfernsehen	satellite television
der Schauspieler(-)	actor
die Seifenoper(-n)	soap opera
die Serie(-n)	series
die Spiel-Show(-s)	game show
der Spielfilm(-e)	feature film
die Sportsendung(-en)	sports programme
die Tageszeitung(-en)	daily newspaper
das Theater	theatre
der Trickfilm(-e)	cartoon
die Unterhaltung	entertainment
die Werbung(-en)	advert
die Wiederholung(-en)	repeat
die Wochenzeitung(-en)	weekly magazine
die Zeitschrift(-en)	magazine
die Zeitung(-en)	newspaper
der Zuschauer(-)	viewer
bekannt	well-known
berühmt	famous
erfolgreich	successful
politisch	political
privat	private
staatlich	state
beeinflussen	to influence
empfangen	to receive
entscheiden	to decide
erfinden	to invent
informieren	to inform
lesen	to read
senden	to broadcast
singen	to sing
umschalten	to turn over (channel)
verpassen	to miss
im Ausland sein	to be abroad
ins Ausland fahren	to go abroad
Ich gehe gern ins Kino/ins Theater	I like going to the cinema/ theatre
Er spielt seit fünf Jahren Gitarre	He's been playing the guitar for five years

1 Welche Zeichnung ist richtig?

Martin

Ina

Olaf

2 Schau auf Martins Termin-kalender

Dann hör die Nachrichten auf dem Anrufbeantworter. Für welche Verabredung hat er Zeit?

In the exam, you can only listen twice but at this stage listen as many times as you need to.

	Freitag	Sonnabend	Sonntag	Montag	Dienstag
9 Uhr					
10 Uhr		• Flohmarkt			
11 Uhr					
12 Uhr			• 10.30 Frühstück bei Omi und Opi		• Zahnarzt
13 Uhr					
14 Uhr					
15 Uhr	• Lernen für die Englischarbeit	• Tennis	• Mittagessen bei Tante Susanne		
16 Uhr					
17 Uhr	• Nachhilfe-Mathe		• Kaffee und Kuchen bei uns zu Hause		• Schulschluß
18 Uhr		• Fußball		SPORTFEST -SCHULE	
19 Uhr					
20 Uhr	• Party bei Lars				
21 Uhr					
22 Uhr					• Tanzstunde
23 Uhr					
24 Uhr					

3 Sarahs Besuch

**Lies diesen falschen Text über Sarahs Besuch bei ihrer deutschen Freundin.
Finde fünf Fehler.**

Ihr gefällt es sehr gut in Bonn. Ihre Austauschfamilie ist sehr nett. Sie teilt ein Zimmer
mit Anja und ihrer Schwester Birte. Jeden morgen geht sie mit Anja zur Schule – sie ist
in der 9. Klasse. Schule in Deutschland macht Spaß, findet Sarah. Am besten findet sie
Deutsch und Geschichte – das ist sehr interessant. Nachmittags fahren sie mit dem
Fahrrad in die Stadt. Dort treffen sie sich mit Anjas Freundinnen. Abends sehen sie
fern, oder sie spielen Karten. Das Essen ist super – Anjas Mutter kocht leckere Sachen.
Am liebsten ißt Sarah Schnitzel mit Kartoffelsalat!

4 Warum hat sich Meike von ihrem Freund getrennt?

Mach Notizen.

5 Fragen zum Bild

- Beschreib diese Jugendlichen.
- Wo sind sie?
- Was machen sie alle?

Du bist dran

1 Wie siehst du aus?
2 Wie alt bist du?
3 Wann hast du Geburtstag?
4 Wann bist du geboren?
5 Was hast du an deinem letzten Geburtstag gemacht?
6 Was für Geschenke hast du bekommen?
7 Hast du Geschwister?
8 Kannst du sie beschreiben?
9 Kommst du mit ihnen gut aus?
10 Wie kommst du mit deinen Eltern aus?

Don't rush! Take time to
think before answering.

6 Partnerarbeit

- Hast du Lust, zu meiner Geburtstagsparty zu kommen?
- Ja, gerne. Wann?
- Am *28. August um 20 Uhr.*
- Toll. Kann ich etwas mitbringen?
- Das ist ja nett. Bringst du etwas zum *Essen* mit?
- Wie wäre es mit *Kartoffelsalat*?
- Das ist eine gute Idee.

Bildet weitere Dialoge.

a   b   c   d   e

7 Partnerarbeit

Beispiel:
- Was machst du in den Sommerferien?

- Ich fahre dieses Jahr nach

- Mit wem fährst du hin?
- Mit *meiner*

- Wie fährst du hin?

- Mit *dem*  durch den

- Was machst du da?

- Wir ...

- Wo wohnt ihr?
-

- Wie lange bleibt ihr da?
-

- Viel Spaß! Kann ich mitkommen?

Was machst du während der Sommerferien?
Macht weitere Dialoge.

8 Partnerarbeit

Hier sind einige typische Weihnachtsgeschenke.

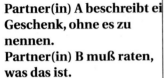

Partner(in) A beschreibt ei[...]
Geschenk, ohne es zu
nennen.
Partner(in) B muß raten,
was das ist.

Beispiel:
A Er ist warm, ist aus
    Wolle und man trägt
    ihn. Was ist das?
B Der Teddybär?
A Falsch.
B Der Pullover?
A Richtig. Jetzt bist du dran.

9 Setz den Comicstrip richtig zusammen

Wie ist die richtige Reihenfolge?

a   b   c   d

e   f

10 Lies den Text

Katja (17) ist seit einem Jahr mit Thorsten (18) zusammen. Was ist für sie das Wichtigste in ihrer Beziehung? „Daß wir uns so gut verstehen", glaubt Thorsten. „Wir haben keine Geheimnisse voreinander – ich kann Katja alles erzählen!" „Ja, und wir helfen uns gegenseitig bei Problemen", erklärt Katja. „Vor einiger Zeit hatte ich großen Ärger mit meiner Lehrerin – aber Thorsten war super: Er hat mich verstanden und hat mir geholfen, das Problem zu lösen." Was machen die beiden in ihrer Freizeit? Thorsten sagt: „Wir sind oft zusammen. Nachmittags bin ich meistens bei Katja. Und am Wochenende gehen wir ins Kino oder in die Disco." „Wir machen aber nicht alles zusammen", erklärt Katja. „Ich finde es gut, wenn man seine eigenen Interessen hat. Viele meiner Freundinnen interessieren sich nur noch für ihren Freund – das finde ich blöd!" Das findet auch Katjas Freundin Jana (16). Sie hat keinen festen Freund – sie will lieber 'solo' bleiben: „Also, ich mag meine Freiheit! Ich habe viele Hobbys, und ich treffe mich gern mit meinen Freundinnen. Ein Freund stört da nur! Und außerdem: Ich bin sehr sportlich – ich bin im Schwimmverein und trainiere jeden Tag. Mein Sport ist für mich sehr wichtig. Viele Jungen verstehen das nicht. Sie wollen, daß ihre Freundin die ganze Zeit nur mit ihnen zusammen ist. Sie sagen: „Du bist für mich am wichtigsten!" Aber das ist langweilig – man braucht seine eigenen Interessen und Hobbys. Nein, eine feste Freundschaft ist nichts für mich!"

Welche Sätze sind richtig?

Katja und Thorsten
a ☐ machen alles zusammen.
b ☐ haben keine Probleme.
c ☐ haben eigene Interessen.

Jana
a ☐ hat einen festen Freund.
b ☐ ist lieber allein.
c ☐ findet Jungen langweilig.

Korrigiere die falschen Sätze oben.

11 Eine feste Freundschaft

Was sind die Vorteile? Was sind die Nachteile?
Lies den Text (oben) und mach Notizen auf englisch.

Vorteile	Nachteile
sich gut verstehen	keine Freiheit

12 Entwirf eine Einladungskarte für eine Party

- Was feierst du?
- Wann?
- Um wieviel Uhr?
- Wo?
- Was soll man mitbringen?
- Was soll man tragen?

13 Lies diesen Dankbrief für ein Geburtstagsgeschenk

Lahnstein, den 12. Mai

Liebe Tante Uschi,

vielen Dank für das Geschenk, das Du mir zum Geburtstag geschenkt hast. Es hat mir sehr gut gefallen. Ich hatte einen ganz tollen Geburtstag. Am Tag bin ich in die Stadt gefahren, um einkaufen zu gehen. Am Abend bin ich ins Restaurant gegangen. Ich habe Pizza mit Pommes frites und Eis gegessen und wir sind sehr spät nach Hause gekommen.

Danke noch einmal

Deine Tanja

> **Note how German letters are set out. In letters** *Du, Dein, Dich* **always start with a capital** *D*.

Schreib weitere Dankbriefe.

a

b

c

d

e

14 Ergänze diesen Dankbrief an die Familie Müller

Füll die Lücken aus.

New Milton, den 28. Oktober 1995

Liebe Familie Müller,

wie geht's? Ich bin gut nach ...... gekommen. Ich ...... mich ganz herzlich für den schönen Aufenthalt bei Euch in Herdecke .... Ihr wart alle so freundlich und hilfreich und ich habe mich bei ...... sehr wohlgefühlt. ...... habe ich auch mein ...... verbessert!
Ich ...... so viel Interessantes in Deutschland gesehen. Vielen Dank noch mal auch für die tollen Ausflüge, die wir zusammen ...... haben. Besonders schön war die Fahrt ...... Dortmund.
Ich freue mich sehr ...... Martins Besuch. Dann kann ich ihm die ...... hier zeigen.

Viele ...... auch von meinen Eltern

Euer
Daniel

auf
Hause
Sehenswürdigkeiten
bedanken
Grüße
Euch
Deutsch
Hoffentlich
nach
habe
möchte
gemacht

Zum Üben

(1, 2: siehe Seite 124; 3: siehe Seite 119)

1 *Kein* oder *nicht*?

Schreib negative Sätze.

1 Ich esse gern Kartoffelsalat.
2 Ich habe eine Karte von meiner Oma bekommen.
3 Sie haben ein Problem.
4 Ich habe eine Idee.
5 Wir fahren im Sommer nach London.
6 Ich habe viele Geschenke bekommen.
7 Er ist groß und trägt eine Brille.
8 Ich habe einen Bruder.
9 Wir kommen sehr gut miteinander aus.

2 Endung oder keine Endung

Füll die richtigen Lücken aus.

Mein Geburtstag war ein schrecklicher Tag!
Ich habe kein... einzige Geburtstagskarte bekommen und auch kein... Geschenke bekommen.
Ich wollte eine Party haben, aber ich habe kein... Zeit gehabt, sie zu arrangieren. Weil ich kein...
Bruder oder kein... Schwester habe, mußte ich meine Party ganz allein feiern. Ich bin zum Fast
Food Restaurant gegangen. Ich habe Pommes frites und einen Hamburger (kein... Burger mit
Käse!) gegessen. Kein... Geschirr und kein... Besteck – ich mußte mit den Fingern essen. Ich bin
dann ins Kino gegangen, aber da läuft im Moment kein... guter Film. Danach bin ich nach Hause
gekommen, aber ich hatte kein... Schlüssel. Ich hatte ihn verloren. Ich bin durch ein offenes
Fenster gestiegen. Leider hat ein Polizist mich gesehen. Ich mußte ihm erklären, daß ich kein...
Verbrecher war. Ich wollte kein... Nacht in der Polizeiwache verbringen.

3 Ergänze die Sätze

groß, größer, am größten

1 Dieses Stück Kuchen ist (groß) als dieses.
   Aber mein Stück ist ......

2 Frau Schmidt ist (klein) als Herr Schmidt.
   Aber ihr Sohn ist ......

3 Die Reise von hier nach Paris ist (lang) als die Reise nach London.
   Aber die Reise nach Moskau ist ......

4 Mein Buch ist (interessant) als dein Buch.
   Aber dieses Buch ist ......

5 Das Wetter in Menorca ist normalerweise (schön) als das Wetter in Schweden.
   Aber das Wetter in der Karibik ist ......

Vokabeln

Allgemeines	General
der Anrufbeantworter(-)	answering machine
der Aufenthalt(-e)	stay
der Ausflug("-e)	excursion
der Austausch	exchange
das Besteck	cutlery
die Beziehung(-en)	relationship
der Dankbrief(-e)	thank-you letter
die Einladung(-en)	invitation
die Freiheit	freedom
die Freundschaft(-en)	friendship
der Geburtstag(-e)	birthday
die Geburtstagsparty(-s)	birthday party
das Geheimnis(-se)	secret
das Geschenk(-e)	present
das Geschirr	crockery
die Geschwister *(pl)*	brothers and sisters
die Idee(-n)	idea
die Jugend	youth
der Kalender(-)	calendar
die Oma	grandma
der Opa	grandpa
Ostern	Easter
der Polizist(-en)	policeman
die Polizistin(-nen)	policewoman
der Pullover(-)	pullover, jumper
die Sehenswürdigkeit(-en)	tourist attraction
die Sommerferien *(pl)*	summer holidays
der Teddybär(-en)	teddy bear
der Termin(-e)	date, appointment
die Verabredung(-en)	arrangement (to meet)
der Verbrecher(-)	criminal
Weihnachten	Christmas
die Wolle	wool
blöd	stupid
freundlich	friendly
hilfreich	helpful
interessant	interesting
lecker	delicious
nett	nice
arrangieren	to arrange
aussehen	to look (appearance)
beschreiben	to describe
brauchen	to need
danken	to thank
essen	to eat
feiern	to celebrate
lösen	to solve

mitbringen	to bring something (with you)
mitkommen	to come with (someone)
nennen	to name
schenken	to give (as a gift)
stören	to disturb
tanzen	to dance
teilen	to share
trainieren	to train
trennen	to separate
trinken	to drink
zeigen	to show
mit jemandem gut auskommen	to get on well with someone
Er sieht sympathisch aus	He looks likeable
Ich habe einen festen Freund/eine feste Freundin	I've got a steady boyfriend/ girlfriend
Sie trägt eine Brille	She wears glasses

Familienangehörige	Members of the family
der Bruder(¨)	brother
der Cousin(-s)	male cousin
die Kusine(-n)	female cousin
das Ehepaar(-e)	married couple
die Ehefrau(-en)	wife
der Ehemann(¨-er)	husband
die Eltern	parents
der Enkel(-)	grandson
die Enkelin(-nen)	granddaughter
die Geschwister *(pl.)*	brothers and sisters
die Großeltern	grandparents
das Kind(-er)	child
die Mutter(¨)	mother
der Neffe(-n)	nephew
die Nichte(-n)	niece
der Onkel(-)	uncle
der Schwager(¨)	brother-in-law
die Schwägerin(-nen)	sister-in-law
die Schwester(-n)	sister
die Schwiegermutter(¨)	mother-in-law
der Schwiegervater(¨)	father-in-law
der Sohn(¨-e)	son
die Stiefmutter(¨)	stepmother
der Stiefvater	stepfather
die Tante(-n)	aunt
die Tochter(¨)	daughter
der Vater(¨)	father
der/die Verlobte	fiancé/fiancée

1 Das passende Zimmer

Welches Zimmer paßt zu Michael, Susi und Markus?

a  b  c

2 Monika und Daniel beschreiben ihre Haustiere

Welche Zeichnung ist richtig?

Monika

Daniel

a   b   c   a   b   c

3 Sind die Sätze richtig oder falsch?

	richtig	*falsch*
Sven		
a Sven kocht am Wochenende.	☐	☐
b Er muß jeden Tag staubsaugen.	☐	☐
c Sven hilft gern im Haushalt.	☐	☐
Lisa		
a Sie muß jeden Tag abwaschen.	☐	☐
b Ihre Mutter will, daß sie im Haushalt hilft.	☐	☐
c Sie wäscht gern ab.	☐	☐
Karin		
a Karin ist sehr ordentlich.	☐	☐
b Sie macht jede Woche das Badezimmer sauber.	☐	☐
c Sie geht einmal in der Woche einkaufen.	☐	☐

> Listen to the tone of voice of the speakers for clues to understanding.

4 Was gibt es in Dörtes Zimmer?

Mach Notizen!

5 Fragen zu den Bildern

- Was für Häuser gibt es hier?
- Welche Zimmer siehst du hier?
- Was gibt es in dem Schlafzimmer?
- Wo möchtest du lieber wohnen - in einem Haus oder in einer Wohnung? Warum?
- Wie helfen diese junge Leute zu Hause?

Welches Bild ist das?

> Ich wohne so gern hier. Die Landschaft hier ist wunderschön.

> Ich muß auch den Rasen mähen.

> Warum haben wir keine Geschirrspülmaschine?

Du bist dran

1 Wo wohnst du?
2 Seit wann wohnst du dort?
3 Beschreib dein Haus.
4 Beschreib dein Schlafzimmer.
5 Was machst du in deinem Schlafzimmer?
6 Wie hilfst du zu Hause?
7 Was machst du jeden Tag, bevor du zur Schule gehst?
8 Was hast du gestern gemacht, bevor du zur Schule gegangen bist?
9 Hast du Haustiere?
10 Beschreib sie.

> If you're talking about events in the past, use the correct tense (normally the perfect tense).

6 Du ißt bei einer deutschen Familie

Was sagst du in den folgenden Situationen?

1

2

Erfindet weitere Beispiele.

Erfindet weitere Beispiele.

Speak as clearly
as you can.

Erfindet eine kurze Szene „Am Tisch".

7 Partnerarbeit

Du bist bei einer deutschen Familie und du willst der Mutter bei der Hausarbeit helfen.
Macht Dialoge.
Partner A ist der englische Gast.
Partner B ist die deutsche Mutter.

Gast: Kann ich Ihnen bei der Hausarbeit helfen?
Mutter: Ja, könntest du bitte *abtrocknen*?
Gast: Ja, gerne. Wo ist *das Handtuch*?
Mutter: *Es ist auf dem Kühlschrank.*

Erfindet weitere Dialoge.

8 Partnerarbeit

Ihr seid auf dem Markt.
A ist der/die Kund/in.
B ist der/die Verkäufer/in.
Bildet Dialoge.

9 Welcher Satz paßt zu welcher Zeichnung?

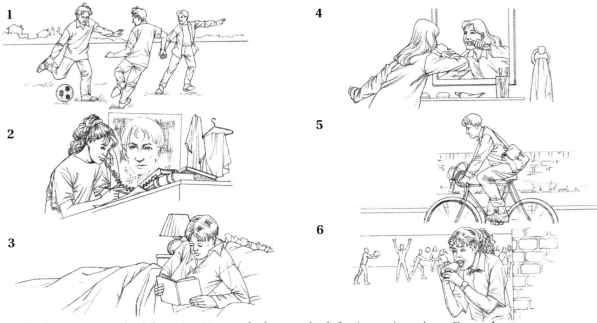

a Nachmittags mache ich meine Hausaufgaben und telefoniere mit meinen Freunden.
b Nach dem Aufstehen putze ich mir die Zähne.
c In der Pause esse ich ein belegtes Brot.
d Ich fahre mit dem Fahrrad zur Schule.
e Vor dem Schlafengehen lese ich.
f Ich spiele mit meinen Freunden Fußball.

10 Martin möchte einen Hund aus dem Tierheim

**Lies seine Notizen.
Dann lies die
Beschreibungen.
Welcher Hund paßt?**

klein
problemlos
mag Kinder
nicht zu alt

Floh –
kleiner Dackel-
Mischling, 1
Jahr alt. Sehr
kinderlieb.
Kann gut allein
sein.

Annie – Schäferhund,
3 Jahre alt. Vorsicht!
Beißt manchmal. Mag
keine Kinder!

Benji –
Bullterrier. 7
Jahre alt.
Braucht viel
Platz. Ist
nicht gern
allein!

Bobby – Bobtail,
ca. 3 Jahre. Muß
jeden Tag gebürstet
werden. Hat Angst
vor Katzen!

Susi – sehr großer
Schäferhund-Mischling, 9 Jahre
alt. Sehr kinderlieb. Spielt sehr
gern!

11 Die beliebtesten Tiere

Welche Reihenfolge ist richtig?

Leoparden und Affen im Wohnzimmer

DÜSSELDORF – Der größte Zoo der Welt findet sich in deutschen Haushalten. Nach einer Untersuchung des Umweltministeriums Nordrhein-Westfalens halten allein die Bürger dieses Bundeslandes 218 000 exotische Wildtiere, darunter Papageien, Giftfrösche, Wölfe und Jaguare. Die exotischen Vögel sind dabei die größte Gruppe (14 000). Außerdem zählte das Umweltministerium fast 13 000 exotische Schlangen und 2 600 giftige Frösche. Doch auch wilde Säugetiere sind bei den Einwohnern Nordrhein-Westfalens sehr beliebt: Das Umweltministerium zählte 120 Affen, 60 Wölfe, 14 Jaguare und 14 Leoparden.

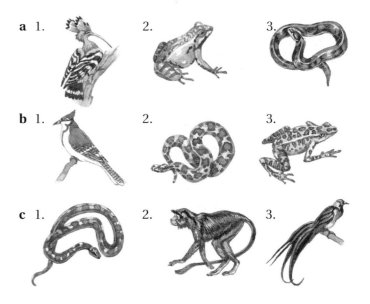

a 1.   2.   3.

b 1.   2.   3.

c 1.   2.   3.

12 Lies Astrids Brief

Welche Antwort ist richtig?

Ich streite mich immer mit meiner Schwester!

„Hilfe – ich habe immer Zoff mit meiner kleinen Schwester! Ich muß mit ihr (12 Jahre) ein Zimmer teilen. Jeden Tag streiten wir uns: Ich kann nicht in Ruhe meine Platten hören. Sie stört mich bei den Hausaufgaben, und sie wühlt in meinen Sachen herum. Wenn ich wütend werde, lacht sie nur. Aber ich muß immer auf sie Rücksicht nehmen – ich halte das nicht mehr aus!"

Astrid (16 Jahre) aus Norwegen

a „Liebe Astrid, Deine Mutter „darf" Deine Post lesen. Ich finde es aber schade, daß sie Dir so wenig vertraut. Hat sie Angst um Dich, oder ist sie einfach neugierig? Vielleicht versteht Dein Vater Dich besser. Erklär' ihm Dein Problem. Sonst mußt Du Deine Freunde bitten, persönliche Briefe an eine andere Adresse zu schicken, zum Beispiel an Deine beste Freundin."

b „Liebe Astrid, das ist wirklich nicht einfach! Sprich mit der ganzen Familie über Dein Problem. Macht einen „Stundenplan": Überlegt, wann Ruhe sein muß, wann Du Musik hören kannst, und wann Deine Schwester machen kann, was sie will. Hängt den Plan an Eure Zimmertür – dann weiß Deine Schwester, daß auch sie Rücksicht nehmen muß!"

c „Liebe Astrid, es tut mir leid, daß Du so unglücklich bist. Deine Eltern wollen nur das Beste für Dich. Aber sie merken nicht, daß das Abitur nicht das Richtige für Dich ist. Auch heutzutage kann man mit einem guten Beruf etwas werden! Hast Du schon einmal mit Deinen Lehrern über Dein Problem gesprochen? Bitte sie, mit Deinen Eltern zu reden! Ich wünsche Dir viel Glück!"

13 Zeichne und beschreib dein Traumhaus

- Wie groß ist es?
- Welche Zimmer hat es?
- Was gibt es im Garten?
- Was gibt es in deinem Haus noch? Zum Beispiel ein Schwimmbad?

14 Wie ist ein typischer Tag für dich?

an einem Schultag	an einem Sonntag	am 25. Dezember
Ich stehe um 7 Uhr auf.	Ich frühstücke im Bett.	Ich wache sehr früh auf.

15 Schreib eine Antwort

Du hast diesen Brief von deinem deutschen Briefpartner bekommen. Schreib eine Antwort.

Meine Eltern arbeiten beide. Ich muß also ziemlich viel zu Hause helfen. Jeden Tag muß ich mein Bett machen und den Hund füttern und dann mit ihm spazierengehen. Am Wochenende muß ich im Garten helfen. Das finde ich soooo langweilig! Mußt Du auch zu Hause helfen?

16 Weihnachten in Großbritannien

Schreib einen Bericht für eine deutsche Schulzeitung über eines von diesen Themen:

- Weihnachten in Großbritannien.
- Was du zu Ostern machst.
- Wie du deinen letzten Geburtstag gefeiert hast.
- Du kannst auch deinen eigenen Titel aussuchen zum Thema „Land und Leute".

Draft notes in rough first.

Zum Üben

(2, 3: siehe Seite 122; 4: siehe Seite 120)

1 Ergänze diese Sätze

Beispiel:
Ich wasche mich. (Zuerst)
Zuerst wasche ich mich.

1 Ich frühstücke. (Danach)
2 Ich habe in der Disco getanzt. (Am Abend)
3 Ich bin nach Hause gegangen. (Drei Stunden später)
4 Ich teile ein Zimmer mit meiner Schwester. (Seit vier Jahren)
5 Er muß staubsaugen. (Jeden Tag)
6 Sie macht das Badezimmer sauber. (Jede Woche)
7 Wir gehen alle zum Zahnarzt. (Zweimal im Jahr)

2 Füll diese Tabellen aus

a

aufstehen
ich stehe auf
du
er/sie/es
wir
ihr
sie
Sie

b

sich waschen
ich wasche mich
du
er/sie/es
wir
ihr
sie
Sie

aufstehen
mitnehmen
abfahren
sich waschen
sich freuen
sich die Zähne putzen

**Was sind hier die trennbaren und
die reflexiven Verben?**

3 Was macht Michael jeden Morgen?

Benutze diese Bilder.

Und was hat er gestern gemacht?

4 Beschreib dieses Schlafzimmer

Benutze dabei diese Ausdrücke.

auf der rechten/linken Seite
in der Mitte
an der Wand
auf dem Fußboden
gegenüber der Tür
auf dem Bett

Was gibt es in deinem Schlafzimmer?

Vokabeln Siehe auch S.28

Allgemeines	General
das Badezimmer(-)	bathroom
das Dach("-er)	roof
das Dorf("-er)	village
die Einkaufstasche(-n)	shopping bag
das Einkaufszentrum(-zentren)	shopping centre
der Einwohner(-)	inhabitant
der Garten("-)	garden
die Geschirrspülmaschine(-n)	dishwasher
die Großstadt("-e)	city
das Haus("-er)	house
die Hausarbeit	housework
der Haushalt	household
das Haustier(-e)	pet
der Kunde(-n)	customer(m)
die Kundin(-nen)	customer(f)
die Landschaft	countryside
der Markt("-e)	market
die Mischung(-en)	mixture
der Rasen	lawn
das Schlafzimmer(-)	bedroom
das Schwimmbad("-er)	swimming pool
die Stadt("-e)	town
die Stadtmitte(-n)	town centre
das Stadtzentrum(-zentren)	town centre
der Staubsauger	vacuum cleaner
das Tischtuch("-er)	tablecloth
der Traum("-e)	dream
der Verkäufer(-)	sales assistant
die Wohnung(-en)	flat
das Wohnzimmer(-)	living room
das Zimmer(-)	room
allein	alone
kinderlieb	fond of children
ordentlich	orderly
sauber	clean
wunderschön	wonderful
abfahren	to depart
abtrocknen	to dry up
abwaschen	to wash up
aufstehen	to get up
aufwachen	to wake up
beißen	to bite
bürsten	to brush
einkaufen	to shop
freuen	to be pleased
frühstücken	to have breakfast
füttern	to feed (animals)
helfen	to help
kochen	to cook
mähen	to mow
mitnehmen	to take (with you)
putzen	to clean
reichen	to hand
saubermachen	to clean
spazierengehen	to go for a walk, stroll

staubsaugen	to vacuum
streiten	to argue
teilen	to share
telefonieren	to telephone
waschen	to wash
auf der rechten/linken Seite	on the right-/left-hand side
an der Wand	on the wall
gegenüber der Tür	opposite the door
in der Mitte	in the middle
auf dem Fußboden	on the floor
auf dem Bett	on the bed

Haustiere	Pets
der Esel(-)	donkey
der Goldfisch(-e)	goldfish
der Hamster(-)	hamster
der Hund(-e)	dog
das Kaninchen(-)	tame rabbit
die Katze(-n)	cat
die Maus("-e)	mouse
das Meerschweinchen(-)	guinea pig
das Pferd(-e)	horse
die Ratte(-n)	rat
die Schildkröte	tortoise
die Schlange(-n)	snake
der Wellensittich(-e)	budgerigar

In der Küche	In the kitchen
das Besteck	cutlery
die Gabel(-n)	fork
das Geschirr	crockery
das Glas("-er)	glass
der Herd(-e)	cooker
der Löffel(-)	spoon
der Krug("-e)	jug
der Kühlschrank("-e)	fridge
das Messer(-)	knife
die Pfanne(-n)	frying pan
die Tasse(-n)	cup
die Teekanne(-n)	tea pot
der Teller(-)	plate
das Tischtuch("-er)	tablecloth
der Topf("-e)	saucepan
die Untertasse(-n)	saucer

Möbel	Furniture
das Bett(-en)	bed
das Bild(-er)	picture
der Kleiderschrank("-e)	wardrobe
der Sessel(-)	armchair
das Sofa(-s)	sofa
die Stehlampe(-n)	standard lamp
der Teppich(-e)	carpet
der Vorhang("-e)	curtain

Meine Stadt 7

1 Tina und Florian beschreiben ihre Stadt

Welches Foto ist richtig?

Tina [   ] a
Florian [   ]

2 Wie heißt Susis Straße?

Schau auf den Stadtplan.

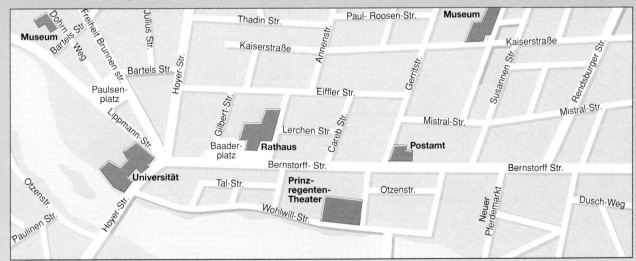

3 Im Text sind fünf Fehler

Korrigiere sie.

Sina fährt jetzt mit dem Bus zur Schule. Die Busfahrt dauert 35 Minuten. Sie muß einmal umsteigen. Am liebsten fährt sie aber Rad. Sie hat ein Mountainbike – es ist rot. An den Wochenenden macht sie oft mit ihrer Familie Fahrradtouren. Autos findet Sina nicht gut: Sie sind nicht umweltfreundlich.

4 Was gibt es in Franks Stadt?

Mach Notizen!

5 Partnerarbeit

Auf dem Markt

a

Wie heißt das Obst und Gemüse auf deutsch?
Frag deinen Partner/deine Partnerin.

Beispiel:
A Haben Sie bitte Orangen?
B Ja. Hier. (B zeigt auf Nummer 4 im Bild)

Was kauft A?
Was kostet alles?
Macht Notizen.
Erfindet weitere Dialoge.

> Record your dialogue. Try to
> make it as lively as possible.

b
Ihr seid auf dem Markt.
A ist der/die Kund/in.
B ist der/die Verkäufer/in.

Bildet Dialoge.
Beispiel:
A Guten Morgen.
B Guten Morgen. Was darf es sein?
A Ich möchte *ein Kilo Kirschen*, bitte.
B Sonst noch etwas?
A Ja. *Zwei Kiwifrüchte*, bitte.
   (*Oder*: Nein danke. Das ist alles.)
B Das macht *7,90* zusammen.
A Bitte schön.
B Danke schön. Auf Wiedersehen.
A Auf Wiedersehen.

6 Was siehst du in dieser Stadt?

Wie heißt alles auf deutsch?
Frag deinen Partner/deine Partnerin.

Beispiel:
A Wie heißt Nummer eins?
B Das ist die Kirche.
A Richtig! (Falsch, das ist ...)

Was gibt es in dieser Stadt zu machen?
(siehe Bild rechts)
Mach eine Liste.

Beispiel:
Man kann schwimmen gehen.

> **Du bist dran**
>
> 1 Wo wohnst du?
> 2 Wo liegt das?
> 3 Seit wann wohnst du dort?
> 4 Beschreib deine Stadt / dein Dorf.
> 5 Was kann man in deiner Stadt / deinem Dorf machen?
> 6 Was gibt es für junge Leute?
> 7 Wo gehst du einkaufen?
> 8 Welche Geschäfte gibt es in deiner Stadt / deinem Dorf?
> 9 Wie fährst du in die Stadt? Warum?
> 10 Wohnst du gern in deiner Stadt / deinem Dorf? Warum/ warum nicht?
> 11 Wo möchtest du wohnen, wenn du älter bist?

7 Partnerarbeit

Gibt es eine Post in der Nähe, bitte?

A kennt den Weg nicht.
B hilft.
Schaut auf den Plan unten.
Ihr seid beide am Bahnhof.

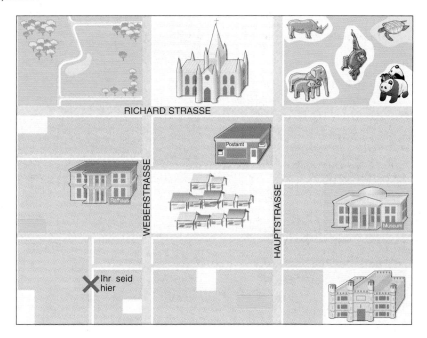

A Entschuldigung. Gibt es *eine Post* in der Nähe, bitte?
B *Ja. Sie gehen rechts und nehmen die erste Straße links – das ist die Weberstraße, dann die zweite Straße rechts und Sie sehen die Post auf der linken Seite.*
A Ist es weit von hier?
B Etwa *500 Meter.*

Jetzt bildet weitere Dialoge

8 Partnerarbeit

In der Konditorei

A Bitte schön?
B *Ein Stück Erdbeertorte, bitte.*
A Mit Sahne?
B *Bitte.*
A Und zu trinken?
B *Ein Kännchen Kaffee mit Milch und Zucker.*
A Also, *ein Stück Erdbeertorte mit Sahne und ein Kännchen Kaffee mit Milch und Zucker.* Stimmt das?
B Ja. Stimmt.

9 Welcher Satz paßt?

a **Karstadt Musikladen**

b **Kerstan Ihr Wurstspezialist Mit Partyservice!**

c Weserpark-Zentrum 38 Geschäfte 5000 Parkplätze

d Konditorei Meyer

e Intercoiffeur Ströbl Neu: Unser Kosmetiksalon

f **Osman Iziz** Obst u. Gemüse tägl. frisch

g **ADLER APOTHEKE**

h **Montanus** *Zeitungen Zeitschriften Bücher*

1 Hier gibt's süße Sachen.

2 Nichts für Vegetarier!

3 Au! Mein Kopf tut weh!

4 Neuigkeiten aus aller Welt.

5 Spezialitäten aus dem Süden – ganz frisch!

6 Alles unter einem Dach!

7 Hier gibt's die neuesten Hits.

8 Machen Sie das Beste aus Ihrem Typ!

10 Wer kauft welche Karte?

a Ich möchte meine Oma in Leipzig besuchen. Ich bin 14 Jahre alt.
b Ich fahre mit meinen Eltern und meiner Schwester nach Köln.
c Nächstes Wochenende möchte ich meine Brieffreundin in Rostock besuchen.
d Ich bin nur heute in München. Ich möchte viel von der Stadt sehen!

1 **Mit der neuen Familientageskarte fährt selbst der Weihnachtsmann mit seiner Familie besser.**

Rechtzeitig für die Weihnachtseinkäufe ist die VRS-Familientageskarte jetzt auch an Werktagen ab 9.00 Uhr gültig. Natürlich für Familien – aber auch für Kleingruppen bis zu 2 Erwachsenen und 2 Kindern unter 12 Jahre.
Das überzeugt sogar den Weihnachtsmann und seine Familie.
Also: gute Fahrt und erfolgreiche Einkäufe.
Ihre Verkehrsbetriebe im VRS.
Eine Verbindung, mit der Sie gerade in der Weihnachtszeit gut fahren.
Damit es schneller und einfacher geht

2 **Juniorenpaß**
Gültig für 12 Monate
Für Kinder und Jugendliche unter 15 Jahren
50 Prozent Ermäßigung auf allen Fahrten innerhalb Deutschlands

3 **Das rosarote Wochenende**
Samstags und Sonntags billiger auf allen Strecken!
Für Einzel- und Gruppenfahrer
Gültig 1. und 2. Klasse

4 **Das 24-Stunden-Ticket**
Mit einer Karte 24 Stunden lang fahren, sooft Sie wollen und wohin Sie wollen in unserer Münchner Region, mit S-Bahn, U-Bahn, Straßenbahn und Bus.
Schnell, bequem und unbeschwert.
Man unterscheidet zwei Geltungsbereiche für diese Fahrkarte. Das „blaue" 24-Stunden-Ticket zu DM 6.- (Kinder DM 2.-) genügt für den München-Besuch. Es hat einen Geltungsbereich für das gesamte erweiterte Stadtgebiet. Alle Münchner Sehenswürdigkeiten können hiermit angefahren werden.

11 Welches Foto paßt zu welchem Text?

Hamburg
BILDERBOGEN

a

Vorsicht: Diese Touristenattraktion ist nichts für Langschläfer! Hier trifft man schon um vier Uhr morgens Menschenmassen, die zwischen den Ständen umherbummeln und die vielen Köstlichkeiten probieren wollen.

> Look at the photos. They might give you a clue.

b

Ein Muß für jeden Hamburg-Besucher: Die maritime Atmosphäre an den Anlegern der Alster. Schiffe aus allen Kontinenten kommen hierher, um ihre Waren abzuladen: Bananen aus Südamerika, Kaffee aus Afrika, Tee aus Indien ...

c Glitzende Juwelen und teure Designermode: Im Zentrum Hamburgs gibt es wunderschöne Einkaufszentren. Hier ist der Kunde wirklich König. Das Besondere: alles ist überdacht - so kann man auch bei schlechtem Wetter bequem einkaufen gehen!

2

1

3

12 Wie ist Bremen?

Lies den Artikel unten und beantworte die Fragen.

1 Wie alt ist das Land Bremen?
2 Seit wann ist Bremen eine freie Hansestadt?
3 Welche Industrie findet man in Bremen?
4 Wie alt ist der Bremer Roland?
5 Welche Stadt hat den größten Hafen Deutschlands?

Mach Notizen über Bremen

Das Land Bremen besteht aus den Städten Bremen und Bremerhaven. Bremen hat 550 000 Einwohner und – nach Hamburg – den zweitgrößten Hafen Deutschlands. Die Industrie Bremens ist deshalb sehr maritim: In Bremen findet man die bedeutendsten Kaffeeröstereien, Schiffswerften und Tabakfirmen Europas.

Bremen gibt es seit dem Jahr 787. Im 12. Jahrhundert wurde Bremen eine Stadt und im Jahr 1260 Mitglied der Hanse. Nach dem Dreißigjährigen Krieg (1618-1648) fiel Bremen an Schweden; 1720 wurde die Stadt ein Teil Hannovers. 1815 wurde Bremen dann eine Freie Hansestadt. Im 18. und 19. Jahrhundert war Bremen sehr reich: Viele Kaufmänner und Senatoren lebten hier.

In der Innenstadt Bremens kann man auch heute noch die prächtigen alten Kaufmannshäuser und die vielen Bauten aus der Gotik und der

Renaissance bewundern: den Dom, das Rathaus, den Schütting, die Ansgariikirche...Besonders berühmt sind die Böttcherstraße und der Schnoor: Diese winzigen Gassen locken jedes Jahr Millionen Touristen an! Auf dem Marktplatz steht – seit 1404 – der berühmte Roland, ein Ritter aus Metall. Besonders bekannt – und beliebt – sind die Bremer Stadtmusikanten. Diese vier Tiere (Esel, Hund, Katze und Hahn) sind Figuren aus einem Märchen und stehen heute auf dem Marktplatz.

Bremerhaven liegt 65 km nördlich von Bremen und ist seit 1827 ein Teil Bremens. Bremerhaven ist eine Stadt der Superlative: Hier findet man den wichtigsten Fischereihafen und den größten Passagierhafen Deutschlands: Von dort aus starteten im 19. und 20. Jahrhundert die Schiffe mit all den deutschen Auswanderen, die ihr Glück in Amerika suchten...

> Always read the questions carefully.

13 Was gibt es in deiner Stadt?

Dein Brieffreund möchte wissen, was es alles in deiner Stadt gibt.
Schreib eine Liste von zehn Gebäuden in deiner Stadt.

14 Boris schreibt eine Antwort

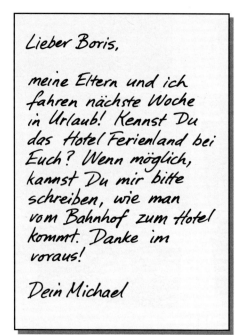

Lieber Boris,

meine Eltern und ich
fahren nächste Woche
in Urlaub! Kennst Du
das Hotel Ferienland bei
Euch? Wenn möglich,
kannst Du mir bitte
schreiben, wie man
vom Bahnhof zum Hotel
kommt. Danke im
voraus!

Dein Michael

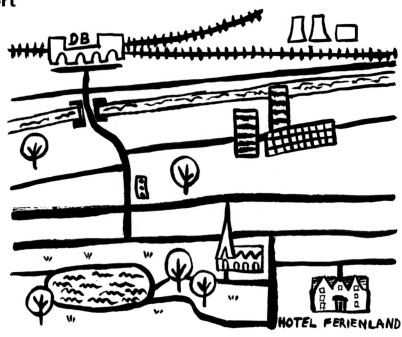

HOTEL FERIENLAND

Schau auf die Skizze (rechts) und schreib eine Antwort auf den Brief.

15 Was meinst du?

Was sind die Vor- und Nachteile vom Stadt- und vom Landleben?

Beispiele:

	Stadtleben	Landleben
Vorteile	Es gibt viele junge Leute in einer Stadt.	Es ist sehr ruhig auf dem Land.
Nachteile	Die Luft ist nicht sehr gut.	Es kann einsam sein.

Wo möchtest du am liebsten wohnen?
Gib Gründe an.

16 Ein Ausflug

Schreib einen Bericht für eine Jugendzeitschrift über einen Ausflug zu einer Großstadt.

- Wohin bist du gefahren?
- Wie bist du gefahren?
- Welche Sehenswürdigkeiten hast du gesehen?
- Wo hast du gegessen?
- Wie war der Tag?

Zum Üben

(1, 2, 3, 4: siehe Seite 120)

1 Teste deinen Partner/ deine Partnerin!

Welche Präpositionen benutzt man mit dem Dativ?

2 Füll diese Tabelle aus

	Nominativ	Dativ	Nominativ	Dativ
m	der		ein	
f	die		eine	
n	das		ein	

3 Schreib Sätze und beantworte die Fragen

1 Die Bäckerei ist neben d... Supermarkt.
2 Die Post ist g... d... Bibliothek.
3 Der Bahnhof ist h... ein... Hotel.
4 Der Friseursalon ist z... d... ...... und d... ....
5 Wo ist die Schule?
6 Wo findest du die Kirche?
7 Wo befindet sich die Bank?
8 Der Markt findet dienstags statt. Wo?
9 Wo liegt das Rathaus bitte?
10 Ist das Museum gegenüber einem Supermarkt?

4 Hier ist ein Auszug aus einer Broschüre für Bremen

Füll die Lücken aus.

Willkommen in Bremen!

Bremen ist eine Reise wert! Auf d...
Marktplatz finden Sie den gothischen
St. Petri Dom und das wunderschöne
Rathaus mit ein... Weinkeller. Vor
  d... Rathaus finden Sie die
Rolandsäule, Symbol von d...
Stadtfreiheit. Auch neben d... Rathaus
finden Sie das Denkmal der Bremer
Stadtmusikanten aus d...Märchen von
den Brüdern Grimm. Ein Huhn sitzt
auf ei... Katze und die Katze sitzt auf
ei... Esel.

Vokabeln

Siehe auch S.20, 34 und 60

In der Stadt	**In town**
die Ampel	traffic lights
der Auswanderer	emigrant
der Auszug(¨-e)	extract
die Bäckerei(-en)	baker's
der Bahnhof(¨-e)	station
die Bank	bank
die Broschüre(-n)	brochure
die Busfahrt(-en)	bus journey
das Denkmal(¨-er)	monument
der Dom(-e)	cathedral
die Fahrradtour(-en)	bicycle tour
das Freibad(¨-er)	open air swimming pool
der Friseursalon(-s)	hairdresser's
das Geschäft(-e)	shop
der Hafen(¨-)	port
das Hotel(-s)	hotel
das Informationsbüro(-s)	information office
der Kaufmann (-leute)	businessman
die Kirche(-n)	church
das Krankenhaus(¨-er)	hospital
die Kreuzung(-en)	crossroads
die Luft	air
das Mountainbike(-s)	mountain bike
das Museum(-seen)	museum
der Nachteil(-e)	disadvantage
die Neuigkeiten(pl)	news
der Park(-s)	park
der Parkplatz(¨-e)	parking space
die Post	post office
das Rathaus(¨-er)	town hall
die Säule(-n)	column
das Schloß(Schlösser)	castle
der Stadtplan(¨-e)	town plan
der Supermarkt(¨-e)	supermarket
der Vorteil(-e)	advantage
der Weg(-e)	way, path
der Weinkeller	wine cellar
die Werft(-en)	shipyard
der Zoo(-s)	zoo

einsam	lonely
gegenüber	opposite
hinter	behind
neben	next to/near
ruhig	quiet
umweltfreundlich	environmentally friendly
winzig	tiny
zusammen	together
zwischen	between

bestehen aus	to comprise of
bieten	to offer
fahren	to go/travel
umsteigen	to change (trains)

auf dem Markt	on the market
auf der rechten/linken Seite	on the right-/eft-hand side

bis zur Ampel/Kreuzung	up to the traffic lights/ crossroads
Es gibt (+ accusative)	There is/There are
Gibt es eine Post in der Nähe?	Is there a post office near here?
Ist es weit von hier?	Is it far from here?
Man kann schwimmen gehen	You can go swimming
Seit wann wohnst du/ wohnen Sie in ...?	How long have you been living in ...?
Sie gehen rechts/links/ geradeaus	You go right/left/straight on
Sonst noch etwas?	Anything else?
über die Brücke	over the bridge
Was gibt es für junge Leute?	What is there for young people?

Essen und Getränke	**Food and drink**
der Apfel(¨-)	apple
der Apfelstrudel	apple strudel
die Banane(-n)	banana
der Berliner	doughnut
die Birne(-n)	pear
der Blumenkohl	cauliflower
der Champignon(-s)	mushroom
die Erdbeere(-n)	strawberry
die Erdbeertorte(-n)	strawberry cake
die Johannisbeere(-n)	blackcurrant
das Kännchen(-)	pot
die Kartoffel(-n)	potato
der Käsekuchen(-)	cheese cake
die Kirsche(-n)	cherry
die Kiwifrucht(¨-e)	kiwi fruit
das Kraut	cabbage
die Milch	milk
das Obst(no pl)	fruit
die Orange(-n)	orange
die Pampelmuse(-n)	grapefruit
der Pilz(-e)	mushroom
die Sachertorte(-n)	type of Austrian chocolate cake
die Sahnetorte(-n)	cream cake
die Schwarzwälder Kirschtorte(-n)	Black Forest gateau
die Tasse(-n)	cup
die Tomate(-n)	tomato
die Traube(-n)	grape
die Zitrone(-n)	lemon
der Zucker	sugar
die Zwiebel(-n)	onion

frisch	fresh

ein Kännchen Kaffee	a pot of coffee
eine Tasse Tee	a cup of tea
mit Milch/Sahne/Zucker?	with milk/cream/sugar?
Was darf es sein?	What would you like?

Arbeitspraktikum 8

1 Sind die Sätze richtig oder falsch?

	richtig	falsch
1 Sabine möchte ein Praktikum im Büro machen.	☐	☐
2 Sie kann ihr Praktikum im August machen.	☐	☐
3 Die Arbeit beginnt morgens um 8 Uhr.	☐	☐
4 Im Betrieb arbeiten 25 Leute.	☐	☐
5 Sabine soll der Sekretärin des Chefs helfen.	☐	☐
6 Sie soll Briefe tippen.	☐	☐
7 Sie muß bis 18.30 Uhr arbeiten.	☐	☐
8 Samstags hat Sabine frei.	☐	☐

> Read the questions carefully before you listen.

2 Silke und Thomas beschreiben ihr Arbeitspraktikum

Schreib die Tabellen auf und füll sie aus.

	Silke	Thomas
Beruf		
Aufgaben		
Positive Eindrücke		
Negative Eindrücke		

3 Was ist das ideale Arbeitspraktikum für Oliver?

> Jot down key words and ideas after you've listened for the first time.

4 Welche Fragen stellt der Berufsberater?

Mach eine Liste.

Beispiele:

- Wie heißen Sie?
- Was für Berufspläne haben Sie?
- Welche Qualifikationen müssen Sie haben?
- Was für Interessen müssen Sie haben?
- Wie antworten diese jungen Leute?
- Erfindet Dialoge zwischen dem Berufsberater und einem der jungen Leute.

5 Partnerarbeit.

Übt zusammen.
Kai macht sein Arbeitspraktikum in einem Büro.
Er hat heute viele Aufgaben.

1 Zuerst muß er ein Hotelzimmer reservieren.

– Guten Tag. Kann ich Ihnen helfen?
– Ja. Ich suche eine Unterkunft für den *19. Mai*. Was können Sie empfehlen?
– Möchten Sie in der Stadtmitte oder außerhalb der Stadt wohnen?
– Wenn möglich *in der Stadtmitte*.
– Wie viele Zimmer?
– *Ein Einzelzimmer*, bitte.
– Und wie lange möchten Sie bleiben?
– *Drei Nächte*, bitte.
– Gut. Ich bin gleich wieder da!

Jetzt bildet weitere Dialoge.

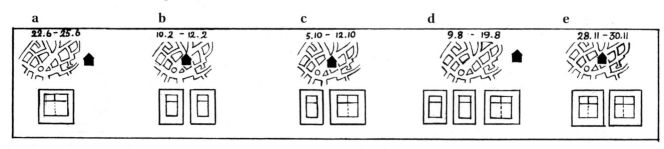

a	b	c	d	e
22.6 – 25.6	10.2 – 12.2	5.10 – 12.10	9.8 – 19.8	28.11 – 30.11

2 Jetzt muß Kai Informationen über die Stadt herausfinden.
Er geht zum Verkehrsamt.

– Entschuldigung. Haben Sie *einen Stadtplan*, bitte?
– Bitte schön.
– Was gibt es in Ihrer Stadt zu sehen?
– Es gibt sehr viele Sehenswürdigkeiten. *Das Rathaus* ist besonders interessant.
– Und was gibt es abends zu machen?
– Es ist immer sehr viel los. Hier ist ein Veranstaltungskalender für Sie. Schauen Sie mal.
  Heute abend können Sie *ins Theater gehen*. Das wäre bestimmt schön.
– Wann beginnt die Vorstellung?
– Um *19:30*.
– Vielen Dank!
– Nichts zu danken.

Jetzt bildet weitere Dialoge.

Erfindet weitere Beispiele.

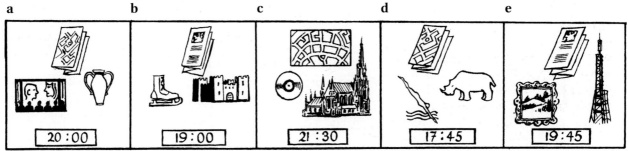

a   b   c   d   e

a	b	c	d	e
20:00	19:00	21:30	17:45	19:45

3 Kai geht zum Bahnhof, um Informationen herausfinden.

– Ich fahre nächsten *Mittwoch* nach *Frankfurt*.
  Wie komme ich am besten dahin?
– Am besten fahren Sie mit der Bahn.
– Wann fährt der erste Zug ab?
– Um *10:43*.
– Und wann kommt der Zug in *Frankfurt* an?
– Um *16:27*.
– Kann ich einen Platz reservieren?
– Ja natürlich. Erster oder zweiter Klasse?
– *Zweiter Klasse*, bitte.
– Raucher oder Nichtraucher?
– *Nichtraucher*.
– Danke schön. Das kostet *154,- DM* bitte.

> **Try to look and sound
> as involved as possible.**

Jetzt bildet weitere Dialoge.

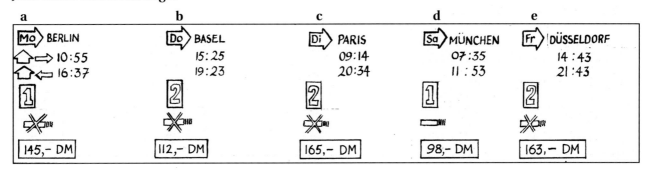

a	b	c	d	e
Mo BERLIN	Do BASEL	Di PARIS	Sa MÜNCHEN	Fr DÜSSELDORF
10:55	15:25	09:14	07:35	14:43
16:37	19:23	20:34	11:53	21:43
1	2	2	1	2
145,- DM	112,- DM	165,- DM	98,- DM	163,- DM

6 Computer

Lies die Wörter. Welche vier haben nichts mit Computer zu tun?

a Diskette   b Telefonanschluß   c Videofilm   d Schreibmaschine

f Cassettenrecorder   g Btx   h Bildschirm   i Fotoapparat

7 Maja sucht einen Ferienjob

Lies ihre Notizen.

Alter: 16
vom 17.6. - 31.8.
nicht mehr als vier
Stunden pro Tag

Dann lies die Stellenanzeigen.

1
Ferienjob für Student(inn)en

Meinungsforschungsinstitut MGA sucht Student(inn)en für Teilzeitarbeit in den Semesterferien (1.7. – 3.10). Bezahlung DM 15 pro Stunde. Informationsabend Montag 18 Uhr, Aula Universität Münster.

2
Bäckerei Marquard
10 Filialen in Westfalen

Für unsere Geschäfte in Münster suchen wir freundliche
Schüler(innen) und Student(inn)en

Sind Sie mindestens 18 Jahre alt? Dann bieten wir Ihnen für September und Oktober (mindestens 4 Wochen) eine Aushilfsstelle als Verkäufer(in). Melden Sie sich bei Frau Gleiß
Tel. 0562/67 83 73
Bäckerei Marquard
Kottengasse 23
40005 Münster

3   Münsteraner Cityreinigung
Hohenzollernring 14
Tel. 0562/60 35 83
Schülerinnen und Schüler aufgepaßt
Geld verdienen bei der Münsteraner Cityreinigung in den
Sommerferien
als gut bezahlte Reinigungskraft (ab 15 Jahre) Arbeiten in der Zeit von 7.00 – 11.00 Uhr wahlweise 2, 4, 6 oder 8 Stunden täglich

4   **Studentenjob Taxi**
Freie Zeiteinteilung. Beste Konditionen.
Tel. 0521/93 20 39

Welcher Ferienjob paßt zu Maja?

8 Steffis Praktikum

Steffi hat ein Praktikum in einem typischen Männerberuf gemacht.
Mach Notizen zu diesen Stichworten:

– wo gearbeitet?
– Reaktion der Familie
– Reaktion der Kollegen
– ihre Pläne für die Zukunft

Was war für Steffi positiv, und was negativ?
Mach Notizen.

Steffi Jakobi (16 Jahre) hat im Februar ein Praktikum in einer Kfz-Werkstatt gemacht. Sie erzählt: „Mein Vater und mein Bruder sind auch Kfz-Mechaniker. Auch ich habe mich immer schon für Autos interessiert – als Kind habe ich lieber mit Spielzeugautos als mit Puppen gespielt. Für mich war immer klar: Das ist mein Traumberuf! Meine Familie war aber gar nicht begeistert, als ich das Praktikum bekommen habe: „Ist die Arbeit nicht zu schwer für ein Mädchen?" hat meine Mutter gefragt. Aber meine kleine Schwester hat sofort gesagt: „Natürlich kann Steffi das!" Und sie hatte recht! Am Anfang war die Arbeit total stressig – ich war das einzige Mädchen im Betrieb. Die Kollegen waren zuerst nicht sehr nett zu mir. „Mädchen stören hier bloß!" oder „Das kannst du ja doch nicht!" – das hörte ich den ganzen Tag. Aber nach einer Woche haben meine Kollegen mich dann akzeptiert. Sie haben gemerkt: Ich kann genauso hart arbeiten wie sie! Und Herr Körner, der Chef, war sehr hilfreich. Ich habe während des Praktikums viel gelernt. Die Arbeit als Kfz-Mechaniker ist sehr interessant. Man hat immer etwas anderes zu tun – ich hatte nie Langeweile! Aber trotzdem: Als Mädchen in einem Männerberuf darf man nicht empfindlich sein, und man muß selbstbewußt sein – das ist das Wichtigste!" Und was sind Steffis Pläne für die Zukunft? „Also, in zwei Jahren mache ich mein Abitur. Und danach möchte ich eine Lehre machen – natürlich als Kfz-Mechanikerin! Das ist immer noch mein Traumberuf!"

9 Eine Zimmerreservierung

Mach eine Kopie von diesem Brief.
Sieh die Wörter unten rechts und füll die Lücken aus.

```
Southampton, den 10. Oktober

Sehr geehrte Damen und Herren,

ich habe vor, ..... nach ..... zu
fahren und möchte ..... mit .....
und Fernseher reservieren lassen. Ich
komme am ..... und möchte .....
bleiben.
Können Sie auch bitte Informationen
über die ..... Ihrer Stadt und die
Umgebung schicken?

Hochachtungsvoll
```

WC, Bad, Telefon
zwei Nächte
Sehenswürdigkeiten
im Mai
ein Einzelzimmer
4. Mai
Weimar

10 Du machst dein Arbeitspraktikum in einem Büro

Dein Chef kann kein Deutsch.
Schreib diesen Brief für ihn.

Memo

From: R.J. Peterson
To: Young person on work experience

Please write letter in German booking the following accommodation:
3 nights
13-16 June
Double room
WC/Shower
Brochure?

11 Anjas Arbeitspraktikum

Anja hat gerade ihr Arbeitspraktikum als Floristin beendet.
Hier beschreibt sie einen typischen Tag.

> Für mein Arbeitspraktikum habe ich bei einem Floristen gearbeitet.
> Ich mußte sehr früh aufstehen — um fünf Uhr -, um zum Blumenmarkt in
> der Großstadt zu fahren. Hier haben wir frische Blumen aus aller Welt
> gekauft. So viele tolle Farben und Sorten!
>   Zwischen acht und neun Uhr haben wir im Geschäft gearbeitet.
> Meistens habe ich mit den Blumensträußen geholfen oder ich habe die
> Topfpflanzen gegossen. Am Vormittag habe ich dann die Blumen im
> Geschäft verkauft. Manchmal waren fast keine Kunden da, aber ab und
> zu wurde es ziemlich hektisch.
>   Nach der Mittagspause zwischen halb eins und halb zwei bin ich
> öfters mit dem Lieferwagen gefahren, während die Blumensträuße
> geliefert wurden. Das hat mir wirklich Spaß gemacht.
> Um fünf bin ich dann nach Hause gegangen. Die Arbeit war ziemlich
> anstrengend, aber sie hat mir sehr gut gefallen.

Schreib einen Bericht über
Anjas Arbeitspraktikum.

Draft notes in rough first.

Beispiel:
Für ihr Arbeitspraktikum hat Anja bei einem Floristen gearbeitet. Sie mußte ...

12 Diese Schüler haben auch ein Arbeitspratikum gemacht

Wie war ein typischer Tag für sie?

Für mein Arbeitspraktikum habe
    ich als ...... gearbeitet.
Ich mußte um ...... aufstehen.
Morgens habe/bin ich ......
Nach der Mittagspause habe/bin ich ......
Um ...... bin ich nach Hause gegangen/
    gefahren.
Die Arbeit war ......
aber/und hat mir sehr gut/ gut/ nicht
    so gut/ gar nicht gefallen.

Zum Üben

(1, 2: siehe Seite 122/3)

1 Schreib die Sätze in der Perfektform auf

1 Ich mache mein Praktikum in der Firma Fleischer.
2 Ich wohne bei meiner Tante.
3 Ich arbeite von 9 bis 5 Uhr.
4 Ich spreche oft Englisch.
5 Mittags esse ich in der Kantine.
6 Ich schreibe Briefe an andere Firmen.
7 Morgens lese ich die Zeitung.
8 Ich lerne viel.
9 Die Arbeit gefällt mir gut.
10 Ich habe viel Spaß.

2 *Haben* oder *sein*?

1 Susi ..... nie zu spät gekommen.
2 Frau Sauer ... mir am Anfang geholfen.
3 Bei schönem Wetter .... ich zu Fuß gegangen.
4 Herr Meier ... mit dem Bus zur Arbeit gefahren.
5 Susi und ich .... mittags zusammen gegessen.
6 Thomas .... zur Bushaltestelle gelaufen.
7 Vor der Firma ... ich Katja getroffen.
8 Frau Müller ... heute die U-Bahn genommen.
9 Ich ... schon in der Kantine gewesen.
10 Manchmal ... ich abends länger im Büro geblieben.

3 Verbinde die Sätze mit *während*

Beispiel:
Ich habe Unterricht. Ich passe gut auf.
Während ich Unterricht habe, passe ich gut auf.

1 Ich mache mein Praktikum. Ich gehe nicht zur Schule.
   Während ......
2 Ich mache mein Studium. Ich muß arbeiten.
   Während ......
3 Sie macht ihr Praktikum. Sie geht nicht zur Schule.
   Während ......
4 Ich telefoniere. Ich mache Notizen.
   Während ......

Mach danach neue Sätze (*während* + Genitiv-Präposition).
Beispiel: **Während des** Unterrichts passe ich auf.

4 *Während* – oder *als*?

1 ...... ich aus dem Büro kam, traf ich meinen Chef.
2 Frau Meier macht Kaffee, ... ich mit zwei Kunden telefoniere.
3 ...... ich Mittagspause habe, gehe ich in die Stadt.
4 ...... ich mit meinem Praktikum anfing, war ich sehr nervös.
5 Ich freute mich, ... ich mit dem Computer arbeiten durfte.
6 Ich trinke Kaffee, ... Herr Sauer beim Chef ist.

Vokabeln
Siehe auch S.84 und 108.

Allgemeines	*General*
die Ahnung(-en)	*idea*
die Arbeit *(no pl)*	*work*
die Ärztin(-nen)	*doctor(f)*
der Arzt(¨-e)	*doctor(m)*
die Aula (Aulen)	*hall*
die Aufgabe(-n)	*task*
der Berufsberater(-)	*careers adviser*
der Betrieb(-e)	*business, firm*
die Bezahlung(-en)	*payment*
der Bildschirm(-e)	*screen*
der Blumenstrauß(¨-e)	*bunch of flowers*
das Büro(-s)	*office*
der Cassettenrecorder(-)	*cassette recorder*
der Chef(-s)	*boss(m)*
die Chefin(-nen)	*boss(f)*
der Computer(-)	*computer*
die Diskette(-n)	*floppy disc*
das Doppelzimmer(-)	*double room*
der Eindruck(¨-e)	*impression*
das Einzelzimmer(-)	*single room*
das Eisstadion(-dien)	*ice stadium*
der Ferienjob(-s)	*holiday job*
der Fernsehturm(¨-e)	*TV tower*
die Firma(-en)	*firm*
die Floristin(-nen)	*florist*
das Flugblatt(¨-er)	*leaflet*
der Fotoapparat(-e)	*camera*
die Galerie(-n)	*gallery*
die Job-Zentrale(-n)	*job centre*
die Kfz-Werkstatt(¨-en)	*garage*
die Lehre(-n)	*apprenticeship*
der Lieferwagen(-)	*delivery van*
der Mechaniker(-)	*mechanic(m)*
die Mechanikerin(-nen)	*mechanic(f)*
das Mofa(-s)	*moped*
die Nacht(¨-e)	*night*
der Plan(¨-e)	*plan*
der Polizist(-en)	*policeman*
die Polizistin(-nen)	*policewoman*
das Praktikum(Praktika)	*training*
die Puppe(-n)	*doll*
die Qualifikation(-en)	*qualification*
die Schreibmaschine(-n)	*typewriter*
die Sekretärin(-nen)	*secretary*
das Spielzeugauto(-s)	*toy car*
die Stellenanzeige(-n)	*job advert*
die Teilzeitarbeit	*part time work*
der Telefonanschluß (-anschlüsse)	*telephone connection*
die Topfpflanze(-n)	*pot plant*
die Umgebung(-en)	*surroundings*
die Universität(-en)	*university*

die Unterkunft(-künfte)	*accommodation*
der Veranstaltungskalender(-)	*calendar of events*
das Verkehrsamt(¨-er)	*tourist information office*
das Zimmer(-)	*room*
die Zukunft	*future*
anstrengend	*strenuous*
begeistert	*enthusiastic*
empfindlich	*sensitive*
endlich	*finally*
faul	*lazy*
freundlich	*friendly*
froh	*glad*
hektisch	*hectic*
hilfreich	*helpful*
hochachtungsvoll	*yours faithfully (in letter)*
nervös	*nervous*
nett	*nice*
praktisch	*practical*
schade!	*shame!*
schwer	*difficult*
selbstbewußt	*self-confident*
stressig	*stressful*
abfahren	*to depart*
akzeptieren	*to accept*
ankommen	*to arrive*
aufstehen	*to get up*
austragen	*to deliver*
empfehlen	*to recommend*
gießen	*to water*
sich melden	*to report, contact*
merken	*to notice*
reservieren	*to reserve*
stören	*to disturb*
suchen	*to search*
tippen	*to type*
außerhalb der Stadt	*out of town*
Du hast recht	*You're right*
Ich bin gleich wieder da	*I'll be straight back*
Ich trage Zeitungen aus in der Stadtmitte	*I deliver newspapers in the town centre*
vor allem	*above all*

Im Hotel / *In/at the hotel*

Haben Sie ein Zimmer für die Nacht bitte?	*Do you have a room for the night please?*
Ich möchte ein Einzelzimmer/ Doppel-zimmer mit Bad / mit Dusche.	*I'd like a single/ double room with bath/shower*
Wann ist das Restaurant auf/zu?	*When is the restaurant open/closed?*

Berufsbewerbung 9

1 **Welchen Beruf beschreiben Silke und Oliver?**

Don't panic if you don't understand. Look at the illustrations for clues.

Silke

a   b   c

Oliver
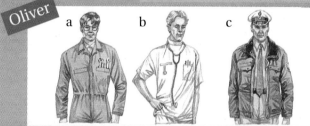
a   b   c

2 **Welches Foto paßt?**

Martin
☐

Sandra
☐

Sven
☐

a

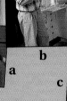
b

c

d

f

e

3 **Welche Sätze sind richtig?**

1 Meike
  a ...möchte sehr gern Medizin studieren.
  b ...möchte am liebsten Chemie studieren.

2 Die meisten ihrer Klassenkameraden
  a ...wollen viel Geld verdienen.
  b ...wissen noch nicht, was sie nach dem Abitur machen.

3 Karriere
  a ...ist für Meike sehr wichtig.
  b ...ist für sie nicht das Wichtigste.

4 Die Abiturienten
  a ...müssen oft auf einen Studienplatz warten.
  b ...bekommen sofort einen Studienplatz.

5 Meikes beste Freundin
  a ..will eine Lehre machen.
  b ...will studieren.

6 Wenn Meike keinen Studienplatz bekommt,
  a ...macht sie eine Lehre.
  b ...will sie warten.

4 **Ein Vorstellungsgespräch mit Herrn Meier**

Herr Meier hat während des Gesprächs einige Notizen gemacht.
Finde fünf Fehler.

– Name: Monika Lischke
– macht im Februar Abitur
– Schule: Geschwister Scholl-Gymnasium
– Lehre als Sekretärin
– Hobbys: Computer, Lesen, Tennis
– Fremdsprachen: Englisch und Französisch
– hatte im letzten Zeugnis eine Eins in Englisch und eine Zwei in Mathe

– hat letzten Sommer bei uns Praktikum im Büro gemacht
– Arbeit hat ihr gut gefallen
– hofft, viel mit Computern arbeiten zu können
– fragt nach Geld und Arbeitszeit

Read the notes before listening.

5 Welcher Beruf?

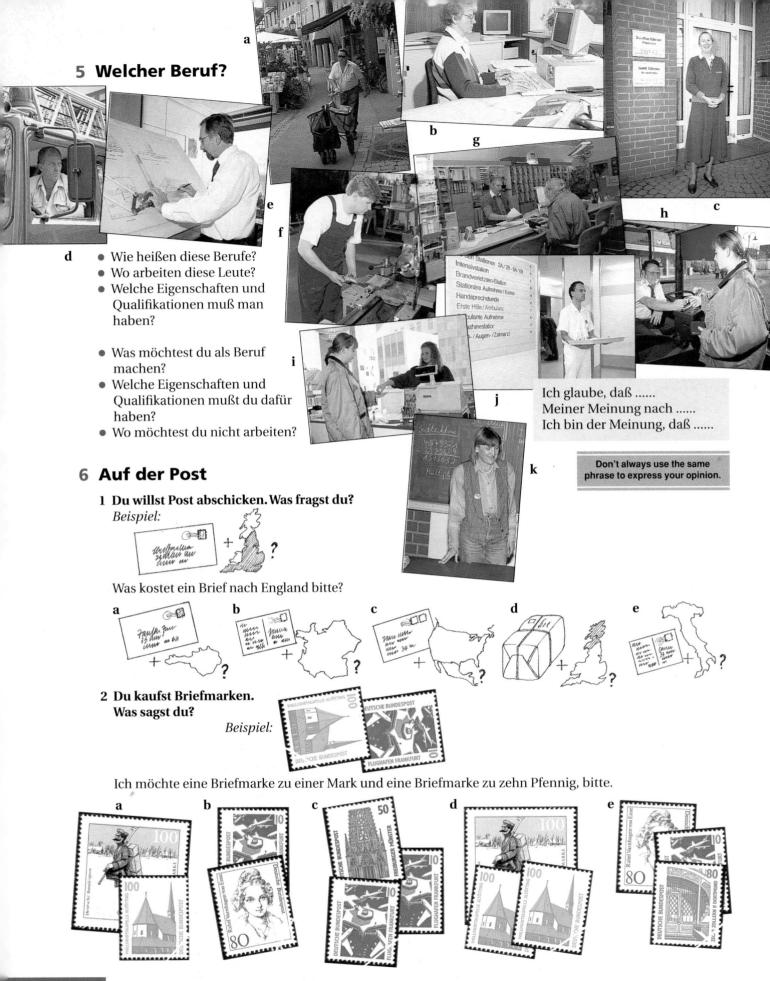

d
- Wie heißen diese Berufe?
- Wo arbeiten diese Leute?
- Welche Eigenschaften und Qualifikationen muß man haben?

- Was möchtest du als Beruf machen?
- Welche Eigenschaften und Qualifikationen mußt du dafür haben?
- Wo möchtest du nicht arbeiten?

Ich glaube, daß ......
Meiner Meinung nach ......
Ich bin der Meinung, daß ......

Don't always use the same phrase to express your opinion.

6 Auf der Post

1 Du willst Post abschicken. Was fragst du?
Beispiel:

Was kostet ein Brief nach England bitte?

a   b   c   d   e

2 Du kaufst Briefmarken. Was sagst du?
Beispiel:

Ich möchte eine Briefmarke zu einer Mark und eine Briefmarke zu zehn Pfennig, bitte.

a   b   c   d   e

3 Was sagen die Kunden?

Beispiel:

Junge: Ich möchte
dieses Paket
nach ......
schicken, bitte.
Was kostet das?

Beamter: ......

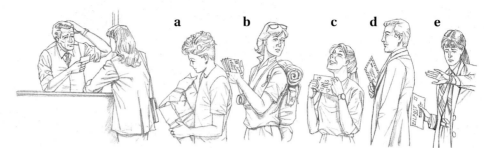

a   b   c   d   e

7 Du bist bei der Bank

1 Was sagst du?

Beispiel:

Ich möchte fünfzig Pfund in
D-Mark wechseln, bitte.

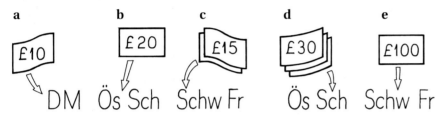

a   b   c   d   e

£10 → DM   £20 → Ös Sch   £15 → Schw Fr   £30 → Ös Sch   £100 → Schw Fr

2 Ein Dialog bei der Bank.

- Füll die Lücken aus.
- Wie ist die richtige Reihenfolge?
- Übt den Dialog zusammen.

– Danke schön. Und hier ist Ihr ....
– Ja. Ich möchte diesen Reisescheck ...... , bitte.
– Haben Sie Ihren ......, bitte?
– Vielen Dank. Auf Wiedersehen.
– Bitte schön. Wie steht der ...... heute?
– Auf Wiedersehen.
– Guten Tag. Kann ich ...... helfen?
– Ein ...... zu zwei Mark zwanzig. Können Sie bitte hier ....

Kurs	Ihnen	Geld	Paß
Pfund	einlösen	unterschreiben	

8 Bei der Reinigung

**Die Vogelscheuche hat
viele Probleme.
Was sagt sie?**

9 Lies diese Lebensläufe

Was (a, b, c, d) paßt zu welchem Lebenslauf?

a

b

c

Abiturzeugnis

d

1

LEBENSLAUF

Name:	Simone Waldmann
Alter:	17
Geburtsdatum:	3.4.79
Geburtsort:	Bremen
Staatsangehörigkeit:	deutsch
Adresse:	Goldstraße 23, 28277 Bremen
Telefonnummer:	0421/60 20 35
Schulbildung:	1985 – 1989 Grundschule Hechelstraße Seit 1989 Schulzentrum Drebberstraße
Qualifikationen:	Realschulabschluß
Hobbys:	Lesen, Wandern, Skifahren
Berufswunsch:	Krankenschwester

LEBENSLAUF

Name:	Lars Reinhart
Alter:	18
Geburtsdatum:	13.9.79
Geburtsort:	Lübeck
Staatsangehörigkeit:	deutsch
Adresse:	Kantweg 14, 20044 Lübeck
Telefonnummer:	0288/78 39 31
Schulbildung:	1984 – 1988 Grundschule in Kiel Seit 1988: Hansetor Realschule
Qualifikationen:	Realschulabschluß
Hobbys:	Computer
Berufswunsch:	Bankkaufmann

2

LEBENSLAUF

Name:	Öslam Salyhan
Alter:	17
Geburtsdatum:	22.10.79
Geburtsort:	Ankara/Türkei
Staatsangehörigkeit:	türkisch
Adresse:	Halmgasse 19, 5048 Frankfurt
Telefonnummer:	0621/67 90 14
Schulbildung:	1985 – 1989: Grundschule in Ankara Seit 1989: Ernst-Reuter Hauptschule
Qualifikationen:	Hauptschulabschluß
Hobbys:	Lesen, Kochen, Volleyball
Berufswunsch:	Friseuse

3

Lebenslauf

Name:	Florian Block
Alter:	19
Geburtsdatum:	31.3.1977
Geburtsort:	Leipzig
Staatsangehörigkeit:	deutsch
Adresse:	Marx-Str. 104, 10281 Leipzig
Telefonnummer:	0301/20 54 31
Schulbildung:	1983 – 1987: Grundschule in Leipzig Seit 1987: Brecht-Gymnasium Leipzig
Qualifikationen:	Abitur
Hobbys:	Fußball, Fotografieren
Berufswunsch:	Ingenieur

4

10 Lies den Artikel über Mechtild Grewe

Mach Notizen.

Wir besuchten Mechtild Grewe (29). Sie ist Lehrerin für Französisch und Latein am Geschwister-Scholl-Gymnasium in Duisburg.

Lehrerin

Mechtild Grewe ist seit 10 Monaten am Geschwister Scholl-Gymnasium. Sie erzählt: „Ich bin aber noch keine „richtige" Lehrerin, sondern Referendarin! Ich mache hier ein Jahr lang meine praktische Lehrer-Ausbildung. Das heißt aber nicht, daß ich weniger hart arbeiten muß als meine Kollegen", lacht sie. Mechtild hat vorher fünf Jahre lang Französisch, Latein und Pädagogik an der Universität Münster studiert.

Mechtild unterrichtet 12 Schulstunden in der Woche. „Meine Schüler und Schülerinnen sind zwischen 16 und 19 Jahren alt", erzählt sie. „Ich unterrichte sechs verschiedene Kurse - drei in Latein und drei in Französisch. Außerdem muß ich natürlich die Stunden vorbereiten, Hausaufgaben und Klausuren korrigieren - das ist viel Arbeit!" Der Unterricht macht ihr jedoch am meisten Spaß: „Die Schüler sind wirklich super. Sie haben mich sofort akzeptiert - dieses Glück hat nicht jeder Referendar!"

Welche Eigenschaften muß denn ein guter Lehrer haben? „Als guter Lehrer mußt du die Schüler ernst nehmen. Du mußt ihnen zeigen, daß dein Unterrichtsfach interessant ist und Spaß macht. Wichtig ist aber auch, daß man sich durchsetzen kann - und man muß Humor haben!"

Mechtild ist auch außerhalb ihres Unterrichts an der Schule aktiv: „Ich habe im letzten Halbjahr eine „Theater AG gegründet. Wir proben einmal die Woche nachmittags in der Aula. Wir haben auch schon zwei Stücke aufgeführt - das hat den Schülern und mir riesigen Spaß gemacht!"

In einigen Wochen wird Mechtild das Geschwister Scholl-Gymnasium verlassen. „Ich würde gerne hierbleiben - das ist klar. Ich weiß nämlich nicht, ob ich später eine richtige Stelle als Lehrerin bekommen werde - es gibt in Westdeutschland zu viele arbeitslose Lehrer", erklärt sie. Sie ist jedoch optimistisch: „Dann gehe ich eben nach Ostdeutschland - dort gibt es genug freie Stellen. Ich möchte nämlich unbedingt als Lehrerin arbeiten - es gibt für mich keinen schöneren Beruf !"

Name:
Alter:
Schule:
Studium:
Unterrichtet:
Wie viele Stunden:
Alter der Schüler:
Nachmittags:

11 Was ist positiv und was ist negativ an Mechtilds Beruf?

Schreib zwei Listen!

positiv	negativ
macht viel Spaß	Streß

12 Was soll Anna zum Interview tragen?

Ergänze diesen Brief.

> *Liebe Anna,*
>
> *viel Glück für morgen beim Interview!*
>
> *Wie fährst Du nach Mannheim? Weißt Du schon, was Du trägst?
> Etwas Konventionelles rat ich Dir und lieber nicht Deinen
> schwarzen Minirock und Deine alte Jeansjacke!! Ich schlage vor,
> Du trägst am besten folgendes: eine weiße Bluse, ...*
>
> *Schreib mir bitte, wenn Du wieder zu Hause bist.*
>
> *Deine*
> *Mutti*

13 Schreib einen Bewerbungsbrief auf deutsch

**Du siehst diese Anzeige
in der Ortszeitung.**

> ### Junge Leute!
> Habt Ihr schon Pläne für den Sommer?
> Möchtet Ihr Spaß haben und auch Geld verdienen?
> Wir haben noch Stellen frei als Helfer bei unserem
>   Sommerlager für Kinder.
> Wenn Ihr Interesse daran habt, schreibt mir bitte einen
>   kurzen Brief, in dem Ihr mir ein bißchen über Euch erzählt –
>   Hobbys, Interessen, Charakter, Lieblingsmusik usw.
> Antwort an R.Arnold, Berlinerstr. 90, 69151 Neckargemünd

14 Interviewtips

Schreib eine Liste von Interviewtips für eine erfolgreiche Berufsbewerbung.

15 Ein Lebenslauf

**Lies diesen
Lebenslauf.**

> ### Mein Lebenslauf
>
> Ich heiße Bernard Müller und ich bin am 26.
> Februar 1978 in Mannheim geboren.
> Ich wohne jetzt mit meiner Familie in Mainz, wo
> mein Vater als Tierarzt arbeitet.
> Meine Mutter ist Hausfrau. Ich habe zwei
> Schwestern. Die ältere Schwester studiert in Mainz,
> um Tierärztin zu werden und die jüngere Schwester
> geht noch in die Schule.
> Ich besuche die Heinrich Kessler Realschule und
> meine Lieblingsfächer sind Mathe und Biologie. In
> meiner Freizeit treibe ich viel Sport und ich höre
> auch sehr gern Musik.
> Nach der Schule möchte ich Polizist werden.

**Schreib deinen
eigenen Lebenslauf
auf deutsch.**

Zum Üben

(1, 2: siehe Seite 119; 3,4: siehe Seite 124)

1 Adjektivendungen

Schreib die fehlenden Wörter auf.

	Maskulin	Feminin	Neutrum	Plural
Nominativ	der schwarze Anzug	die weiße Bluse	das neue Hemd	die braunen Schuhe
Akkusativ				
Genitiv				
Dativ				

2 Bilde Sätze

Beispiel:
Ich trage ein rotes Kleid

1   2   3   4   5   6   7

3 Kennst du die Konditionalformen?

Schreib die fehlenden Wörter auf.

ich	(sein)	ich wäre
du	(müssen)	–
er/sie/es	(können)	–
wir	(dürfen)	–
ihr	(sollen)	–
sie	(wollen)	–
Sie	(haben)	–

4 Bilde Sätze mit *wenn* und der Konditionalform

Beispiel: Wenn ich reich wäre, würde ich nicht arbeiten. (reich sein/arbeiten)
1 bessere Noten haben/nach dem Abitur studieren
2 in den Ferien arbeiten können/ich freue mich
3 zu einem Interview gehen müssen/meinen besten Anzug tragen
4 mehr Zeit haben/einen Computerkurs machen
5 der Chef sein/nett zu den Lehrlingen sein
6 Fremdsprachen können/Dolmetscherin werden
7 mehr Geld haben/einen Computer kaufen
8 krank sein/nicht zur Arbeit gehen

Vokabeln Siehe auch S.76

Allgemeines	General
der Abiturient(-en)	A level student(m)
die Abiturientin(-nen)	A level student(f)
die Anzeige(-n)	advert
der Anzug("-e)	suit
die Ausbildung	training
die Berufsbewerbung(-en)	job application
der Bewerbungsbrief(-e)	letter of application
der Brief(-e)	letter
die Briefmarke(-n)	stamp
die Eigenschaft(-en)	characteristic
das Geld (no pl)	money
die Hausaufgabe(-n)	homework
das Interview(-s)	interview
die Klausur(-en)	test
der Kurs(-e)	course
der Lebenslauf("-e)	cv
die Mark(-)	mark
die Ortszeitung(-en)	local newspaper
das Paket(-e)	parcel
der Paß("-sse)	passport
der Pfennig(-e)	pfennig
die Postkarte(-n)	postcard
die Reinigung	cleaner's, launderette
der Reisescheck(-s)	traveller's cheque
das Sommerlager	summer camp
die Stelle(-n)	job, position
das Stück(-e)	piece, play (theatre)
der Studienplatz("-e)	college place
die Vogelscheuche(-n)	scarecrow
das Zeugnis(-se)	report
ernst	serious
(ab)schicken	to send (off)
bekommen	to get/obtain
dürfen	to be allowed to
einlösen	to cash (a cheque)
können	to be able to
korrigieren	to correct
müssen	to have to
proben	to practise
raten	to advise
sein	to be
sich durchsetzen	to hold your ground
sollen	to be obliged to
studieren	to study
tragen	to wear
unterrichten	to teach
unterschreiben	to sign
verdienen	to earn
verlassen	to leave
vorschlagen	to suggest
warten auf (+ accusative)	to wait for
wechseln	to change (money)
wollen	to want
zeigen	to show

Berufe	Jobs
der Arzt("-e)	doctor (m)
die Ärztin(-nen)	doctor (f)
die Bankkauffrau(-en)	bank clerk(f)
der Bankkaufmann("-er)	bank clerk(m)
der Briefträger(-)	postman
der Busfahrer(-)	bus driver(m)
die Busfahrerin(-nen)	bus driver(f)
der Dolmetscher(-)	interpreter(m)
die Dolmetscherin(-nen)	interpreter(f)
die Feuerwehrfrau (-en)	fire fighter (f)
der Feuerwehrmann("-er)	fire fighter (m)
der Friseur(-e)	hairdresser(m)
die Friseuse(-n)	hairdresser(f)
der Ingenieur(-e)	engineer(m)
die Ingenieurin(-nen)	engineer(f)
der Krankenpfleger(-)	nurse(m)
die Krankenschwester(-n)/ Krankenpflegerin(-nen)	nurse(f)
der Lehrer(-)	teacher(m)
die Lehrerin(-nen)	teacher(f)
der Mechaniker(-)	mechanic(m)
die Mechanikerin(-nen)	mechanic(f)
die Polizistin(-nen)	police officer(f)
der Polizist(-en)	police officer(m)
der Referendar(-e)	student teacher(m)
die Referendarin(-nen)	student teacher(f)
die Reisebürokauffrau(-en)	travel agent(f)
der Reisebürokaufmann("-er)	travel agent(m)
der Tierarzt("-e)	vet(m)
die Tierärztin(-nen)	vet(f)

(Unless stated otherwise, to make the female forms of jobs add -in to the male form of the noun. eg der Mechaniker, die Mechanikerin.)

Kleidung	Clothing
die Bluse(-n)	blouse
der Büstenhalter(BH)	bra
das Hemd(-en)	shirt
die Hose(-n)	pair of trousers
der Hut("-e)	hat
die Jacke(-n)	jacket
die Jeans	jeans
das Kleid(-er)	dress
die Krawatte(-n)	tie
der Mantel(")	overcoat
die Mütze(-n)	cap
der Regenmantel(")	raincoat
der Schlips(-e)	tie
die Schuhe (pl)	shoes
die Socken (pl)	socks
die Stiefel (pl)	boots
das T-Shirt(-s)	t-shirt

Inselträume 10

1 Wohin fahren Susanne, Kai und Oliver in Urlaub?

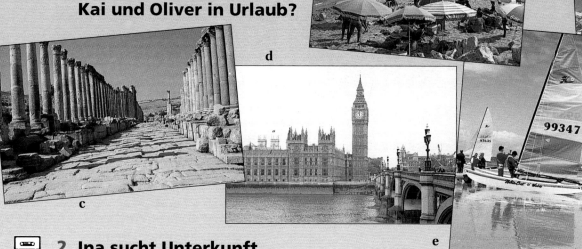

a

b

c

d

e

f

2 Ina sucht Unterkunft

Ina hat schon einige Reservierungen in ihrem Terminkalender notiert.
Welcher Tag paßt für eine Übernachtung in der Jugendherberge Berggrund?

Montag	Dienstag	Mittwoch	Donnerstag	Freitag	Samstag	Sonntag
Berghotel Wasmeier – günstiger Schülertarif!	Jhbg. Ammersee 18 Uhr!				Gasthof Mittermaier 0871-678300	Waldhof „Beim Enzian" Zimmer bestellt am 3.1.
8. Januar	9. Januar	10. Januar	11. Januar	12. Januar	13. Januar	14. Januar

3 Kreuz die richtigen Antworten an

1 Lars fährt in den Sommerferien nach
   a Spanien.
   b Griechenland.

2 Er will im Urlaub
   a faulenzen.
   b viel Sport machen.

3 Er fährt mit
   a der Bahn.
   b dem Flugzeug.

4 Lars verreist mit
   a seinen Eltern.
   b seinen Freunden.

5 Er verreist für
   a zwei Wochen.
   b drei Wochen.

6 Nächstes Jahr möchte Lars
   a die USA besuchen.
   b nach England fahren.

4 Warum verreist Monika in den Ferien nicht?

Nenne fünf Gründe!

5 Fragen zu den Bildern

- Finde 10 Wörter, die diese Urlaubsfotos beschreiben.
- Wie ist das Wetter in jedem Foto?
- Möchtest du einen Urlaub auf einem Segelboot machen? Warum / warum nicht?
- Was sind die Vor- und Nachteile von einem Campingurlaub?

Vorteile ✓ Nachteile ✗

> Make sure that you use the right tenses for past and future events.

Du bist dran

1. Wohin fährst du dieses Jahr in Urlaub?
2. Wo warst du letztes Jahr im Urlaub?
3. Wie bist du hingefahren?
4. Mit wem bist du gefahren?
5. Was hast du alles gemacht?
6. Wie war das Wetter?
7. Wo hast du gewohnt?
8. Für wie lange warst du dort?
9. Wenn du £10 000 hättest, wohin würdest du fahren?
10. Was möchtest du dort machen?

6 In der Apotheke

A ist der Apotheker
B ist der/die Kunde/Kundin

A Guten Morgen. Kann ich Ihnen helfen?
B Ja. Ich habe *Magenschmerzen.* Haben Sie etwas dagegen, bitte?
A Nehmen Sie *diese Tabletten mit Wasser zweimal täglich nach dem Essen.*
B Drei Mark fünfzig, bitte.

Erfindet Dialoge.
Was sagen diese Leute?
Was rät der Apotheker?

7 In der Jugendherberge

A ist ein Junge/Mädchen
B ist der Herbergsvater/die
Herbergsmutter

A: Haben Sie noch Plätze frei, bitte?
B: Wie lange möchten Sie bleiben?
A: *Drei Nächte.*
B: Und wie viele Personen gibt es in Ihrer Gruppe?
A: *Drei – zwei Jungen und ein Mädchen.*
B: Ja. Wir haben Betten frei. Schlafraum *drei* für *die Jungen* und Schlafraum *neun* für *das Mädchen.*
A: Können wir hier *kochen?*
B: Ja. *Die Küche ist im Keller.*

Übt die Dialoge zusammen.

> Sometimes there are problems. Here for example, there might not be rooms/sites available. Be prepared for unexpected answers and situations.

8 Auf dem Campingplatz

A ist ein Urlauber
B ist der Campingplatzleiter

A: Haben Sie noch Platz für *ein Zelt* frei, bitte?
B: Ja. Wie viele Nächte möchten Sie bleiben?
A: *Zwei Nächte.*
B: Ja. Kein Problem. Platz Nummer *sieben. Neben dem Laden.*
A: Gibt es hier *ein Freibad?*
B: *Leider nicht.*
A: Und kann man hier *eine Zeitung* kaufen?
B: *Ja. – Natürlich.*

Übt die Dialoge zusammen.

9 Welcher Satz paßt zu welchem Urlaub?

a Ich will Sport und Spaß!

b Ich habe nicht viel Geld.

c Ich will in den Ferien etwas lernen.

d Mein Hotel muß nahe am Meer sein.

10 Welcher Satz ist richtig?

a Die Holländer haben nur wenig Urlaub.
b Die Deutschen haben am meisten Urlaub.
c Die Holländer sind Weltmeister im Urlaubmachen.

Deutsche Vizeweltmeister

Mit durchschnittlich 31 bezahlten Urlaubstagen und neun bezahlten Feiertagen sind die Deutschen Vizeweltmeister beim Urlaubmachen. Nur die Niederländer haben noch einen Tag mehr Freizeit aufzuweisen. Das hat das Institut der Deutschen Wirtschaft herausgefunden. Schlußlichter der Tabelle sind die USA mit nur 23 und die Japaner mit 25 Tagen bezahlter Freizeit.

11 Katjas Sommerferien

**Katja ist in den Sommerferien mit der Bahn durch Europa gefahren.
Lies ihre Postkarten. Wohin fuhr sie zuerst? Und danach?**

Hallo Jan!
Auf dieser Insel ist es herrlich ruhig - ich kann mich hier richtig gut erholen! Schade, daß mein Urlaub bald vorbei ist - in drei Tagen fahre ich nach München zurück.
Bis dann
Deine
Katja

Hallo Susi!
Paris ist toll!! Ich bin aber ziemlich müde - die Reise von London durch den Kanaltunnel war ganz schön aufregend! Nachher gehe ich in den Louvre - ich freue mich schon! Und morgen fahre ich nach Capri - das ist eine kleine italienische Insel.
Tschüs
Katja

Liebe Oma,
hier regnet es den ganzen Tag - und ich möchte so gern einen Stadtbummel machen! Morgen früh mache ich eine Bootsfahrt auf der Themse, und nachmittags will ich zur Tower Bridge - hoffentlich ist das Wetter dann besser...
Viele liebe Grüße
Deine
Katja

Hi Tom,
ich bin gestern abend von München hier angekommen - Berlin ist eine Reise wert! Ich habe aber ein Problem: dieser Berliner Dialekt - ich verstehe nicht viel... Aber das macht nichts - ab morgen muß ich Englisch sprechen!
Bis bald!
Katja

12 Lies den Artikel und mach Notizen

Besuch in einer anderen Welt

Abflug war am 9. November 1991 von Frankfurt. Mit ihrer Begleiterin Corinna Eichhorn von World Vision und der Fotografin Barbara Maurer ging es über Brüssel nach Dakar in Senegal, der ersten Station ihrer Afrika-Reise.

Von dort aus fuhr die Gruppe mit dem Geländewagen in die Louga-Region. Hier arbeitet World Vision an Hilfsprojekten, die von deutschen Spendern finanziert wurden. Ganz wichtig ist die Wasserversorgung im Trockengebiet: Brunnen müssen gebohrt werden. Das ist eine Arbeit, die oft stundenlang dauert. Der Moment, in dem das Wasser aus dem Boden schießt, ist ein großes Ereignis. Stephanie: „Wir haben erlebt, wie sich die Menschen über das Wasser freuen. Sie feiern den Erfolg mit Freudenschreien und Tänzen."

Überall wurden die jungen Reporterinnen freundlich empfangen. Sie bekamen einen Eindruck vom Leben in den Dörfern und Hütten, aßen zusammen mit den Familien Maisbrot und einheimische Gerichte. In einigen Dörfern besuchten sie den Schulunterricht, den World Vision für Kinder und Eltern durchführt, und sie waren bei Impfungen gegen Masern, Tetanus, Gelbfieber und anderen Krankheiten dabei.

Mit anderen Projekten will man der Landwirtschaft helfen und Arbeitsplätze schaffen. Die Menschen lernen, Obst und Gemüse haltbar zu machen, Fische zu züchten, Getreide zu mahlen, Seife herzustellen oder Stoffe zu färben. Dazu schrieb Stephanie nach ihrer Rückkehr: „Auffällig ist, daß die Afrikaner alle sehr stolz sind und ihre Armut durch bunte, auffallende Kleider verbergen wollen. Viele Frauen haben schon gelernt, sich selbst zu organisieren. Sie sind in einer Art Genossenschaft. Sie legen gemeinsam Preise fest und verwenden die Gewinne für das ganze Dorf." Melanie berichtete: „Mir ist klar geworden, daß die Menschen, die in der Dritten Welt leben, es auf keinen Fall ohne unsere Hilfe schaffen."

Ein Satz steht in allen Berichten der drei Afrika-Korrespondentinnen: Eigentlich müßten alle Menschen in den Industrieländern diese Not einmal erleben, um zu erfahren, wie gut es ihnen selbst geht.

> **Read the article and identify new ideas in each paragraph.**

13 Du machst nächste Woche einen Campingurlaub

Was mußt du alles mitnehmen?
Schreib eine Checkliste.

14 Campingplatz an der Sonne

Schreib an diesen Campingplatz, um einen Platz zu reservieren.

Campingplatz an der Sonne, Hirschweg 34,
    7821 Littenweiler
Tel: 0498 76597
Ruhige Lage mit 30 Plätzen; Duschen und
    Toiletten; Laden; keine Hunde.
Preise ab 12 DM pro Zelt pro Nacht.

3 nights from 23rd Aug.
4 people / 2 tents
Ask if shop sells bread and milk
Ask for brochure

15 Du warst gerade im Urlaub

Hier sind deine Urlaubsfotos/Karte. Beschreib deinen Urlaub.

- Wo warst du?
- Mit wem warst du dort?
- Wie war das Wetter?
- Was hast du alles gemacht?
- Wie war es?

Look at the
photos for clues.

16 Herzlichen Glückwunsch!

Du hast den ersten Preis im Lotto gewonnen!

- Was möchtest du mit deinem Preis machen?
- Wo würdest du hinfahren?

Zum Üben

(1, 2, 3: siehe Seite 122/3; 4: siehe Seite 124)

1 Füll die Tabellen aus

haben	sein
ich *habe*	ich *bin*
du ...	du ...
er/sie/es ...	er/sie/es ...
wir ...	wir ...
ihr ...	ihr ...
sie ...	sie ...
Sie ...	Sie ...

2 Füll die Lücken aus

Beispiel: (siehe 1 unten)

			haben oder sein
1	machen	*gemacht*	*haben*
2	spielen		
3		gegessen	
4		gegangen	
5	schreiben		
6	fahren		
7		gelernt	
8	besuchen		
9	lesen		
10		geschwommen	

3 Ergänze diese Sätze

Beispiel:
Heute mache ich einen Spaziergang (meine Hausaufgaben)
Gestern **habe ich meine Hausaufgaben gemacht**

1 Heute spiele ich Tennis (Basketball)
  Gestern ...
2 Heute esse ich Pizza (Wurst)
3 Heute abend gehe ich ins Kino (Theater)
4 Heute schreibe ich einen Brief an Monika (eine Postkarte an Sabine)
5 Heute fahre ich mit dem Bus in die Stadt (mit der Bahn)
6 Heute lerne ich Mathe in der ersten Stunde (in der vierten Stunde)
7 Heute besuche ich meine Tante (meine Oma)
8 Heute lese ich einen Roman (eine Zeitschrift)
9 Heute schwimme ich im Hallenbad (im Freibad)

4 Ergänze die Sätze

Beispiel:
Ich bin reich. Ich kaufe mir ein großes Haus.
Wenn ich reich wäre, würde ich mir ein großes Haus kaufen.

1 Ich bin sehr sportlich. Ich treibe viel Sport.
  Wenn ......
2 Ich bin sehr schön. Ich werde (ein) Filmstar.
3 Ich bin ziemlich unfit. Ich gehe jeden Tag spazieren.
4 Ich bin sehr kontaktfreudig. Ich lerne viele neue Leute kennen.

Vokabeln Siehe auch S.20.

Allgemeines	General
die Apotheke(-n)	chemist's
die Dusche(-n)	shower
der Feiertag(-e)	day off
das Fieber	temperature, fever
das Geschäft(-e)	shop
die Herbergseltern (pl)	hostel wardens
die Herbergsmutter	hostel warden (f)
der Herbergsvater	hostel warden (m)
die Insel(-n)	island
die Jugendherberge(-n)	youth hostel
der Keller(-)	cellar
die Klamotten (pl)	'gear' (clothes)
der Laden(¨-)	shop
das Medikament(-e)	medicine
die Salbe(-n)	ointment
der Schlafraum(¨-e)	bedroom
der Schlafsack(¨-e)	sleeping bag
der Schmerz(-en)	pain
das Segelboot(-e)	sailing boat
der Sonnenbrand	sunburn
der Sprachkurs(-e)	language course
die Tablette(-n)	tablet
die Telefonzelle(-n)	telephone box
der Terminkalender(-)	calendar
der Traum(¨-e)	dream
der Urlaub(-e)	holiday(s)
der Urlaubstag(-e)	day's holiday
die Waschmaschine(-n)	washing machine
der Wohnwagen(-)	caravan
der Zahnarzt(¨-e)	dentist (m)
die Zahnärztin(-nen)	dentist (f)
das Zelt(-e)	tent
ausleihen	to lend, borrow
bleiben	to stay
faulenzen	to be lazy
kochen	to cook
reiten	to ride
schwimmen	to swim
sich erholen	to recover

verreisen	to go away on holiday
wohnen	to live
einmal/zweimal täglich	once/twice daily
Haben Sie etwas dagegen?	Have you got anything (medicine) for it?
Haben Sie noch Platz frei, bitte?	Have you got any room left, please?
Ich habe Fieber/ Magenschmerzen	I've got a temperature/ stomach ache
im Erdgeschoß	on the ground floor
im ersten/zweiten Stock	on the first/second floor
im Keller	in the cellar
nach dem Essen	after a meal
Nehmen Sie diese Tabletten	Take these tablets
Wie viele Nächte möchten Sie hier bleiben?	How many nights would you like to stay here?

Körperteile	Parts of the body
der Arm(-e)	arm
das Auge(-n)	eye
der Bauch	stomach
das Beine(-e)	leg
die Brust	chest
der Finger(-)	finger
der Fuß (Füsse)	foot
das Fußgelenk(-e)	ankle
das Haar(-e)	hair
der Hals	neck, throat
die Hand(¨-e)	hand
das Handgelenk(-e)	wrist
das Knie	knee
der Magen(¨-)	stomach
der Mund(¨-er)	mouth
die Nase(-n)	nose
das Ohr(-en)	ear
der Rücken(-)	back
die Schulter(-n)	shoulder
der Zahn(¨-e)	tooth
der Zeh(-e)	toe

Probleme 11

 1 Was haben diese Touristen verloren?

Finde das passende Foto.

a  b c  d  e

f  g  h  i

 2 Was paßt zusammen?

Hör gut zu.

3 Sind die Sätze richtig oder falsch?

	richtig	falsch
1 Emine ist 15 Jahre alt.	☐	☐
2 Sie lebt in Hamburg.	☐	☐
3 Emine hat drei Schwestern und einen Bruder.	☐	☐
4 Sie möchte gern eine Lehre als Friseuse machen.	☐	☐
5 Ihr Vater hat keine Arbeit.	☐	☐
6 Ihre Großeltern leben in einem kleinen Dorf in der Türkei.	☐	☐
7 Emines Eltern haben Angst vor Ausländerfeindlichkeit.	☐	☐
8 Emine möchte gern in der Türkei leben.	☐	☐

4 Im Modeladen

- Guten Morgen. Kann ich Ihnen helfen?
- Ja, ich habe *dieses Kleid* als Geschenk bekommen, aber es ist mir zu *groß*.
- Möchten Sie *etwas Kleineres*?
- Das wäre nett.

Mach neue Dialoge.

a b  c d e

5 Wie heißen die Autoteile?

der Reifen
das Lenkrad
der Kofferraum
die Lichter
die Haube
die Windschutzscheibe

Dein Auto hat eine Panne.
Du telefonierst mit einer Werkstatt.
Was sagst du?

- Ich habe eine Panne.
- Was ist passiert?
- *Die Lichter funktionieren nicht.*
- Wo sind Sie genau?
- Auf der Autobahn *A6 15 Kilometer nördlich* von Köln.

6 Im Restaurant

- Herr Ober! Ich möchte mich beklagen.
- Was ist das Problem?
- *Das Essen ist kalt.*
- Es tut mir sehr leid.

Macht neue Dialoge.

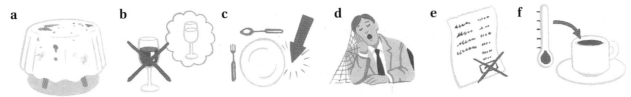

7 Ein Unfall

– Hallo. Ich möchte einen Unfall melden.
– Ihr Name, bitte?
– Schmidt ist mein Name.
– Und wo sind Sie genau, Herr Schmidt?
– In der Richardstraße vor dem Schwimmbad.
– Was ist passiert?
– Zwei Autos sind zusammengestoßen.
– Ist jemand verletzt?
– Zwei Leute – ein Junge und ein Mann.
– Also, ein Unfall in der Richardstraße vor dem Schwimmbad. Zwei Autos sind zusammengestoßen. Zwei Leute verletzt. Der Notdienst kommt sofort.

Erfindet einen neuen Dialog.

8 Lies den Comic

Welcher Satz stimmt?

1 Niemand mag Sina.

2 Sina freut sich, weil sie viele Freunde hat.

3 Viele mögen Sina.

9 Mädchen und Jungen

Was stört euch? Welcher Satz links paßt zu den Texten rechts?

Was Jungen an Mädchen nervt

a „Mädchen sind immer unpünktlich – das nervt mich am meisten!"

b „Wenn ein Junge mit einem Mädchen zum Essen, ins Kino oder in die Disco geht, dann soll er bezahlen."

c „Manche Mädchen sind richtig eingebildet!"

d „Ich finde blöd, daß Mädchen unbedingt dünn sein wollen!"

1 „Sie interessieren sich nur für ihr Äußeres: Sie stehen den ganzen Tag vor dem Spiegel und finden sich selber toll. Und sie reden nur über Make-up und Mode – das finde ich furchtbar!"

2 „Sie denken immer, daß sie zu dick sind – das stimmt aber gar nicht. Sie machen dauernd Diät – und dann jammern sie, daß sie keine Süßigkeiten oder Big Macs essen dürfen!"

3 „Das nervt mich! Jungen haben doch nicht automatisch mehr Geld, oder?"

4 „Meine Freundin kommt immer zu spät – ins Kino, zur Disco... Und wenn ich sie abends abholen will, muß ich immer auf sie warten. Ich verstehe das einfach nicht – man kann doch nicht immer unpünktlich sein!"

Was Mädchen an Jungen nervt

e „Jungen interessieren sich nur für hübsche Mädchen - das nervt mich."

f „Mich nervt, daß viele Jungen so schüchtern sind."

g „Viele Jungen wollen keine Gefühle zeigen."

h „Mich stört, daß Jungen im Unterricht immer so aggressiv sind."

5 „Das nervt mich total! Ein Junge darf doch auch vor etwas Angst haben oder sogar mal weinen - Mädchen finden es toll, wenn Jungen auch ihre Schwächen zeigen!"

6 „Sie lassen uns Mädchen nie ausreden. Jungen sagen auch immer: „Mädchen haben keine Ahnung von Technik!" Das ist doch Blödsinn - ich kenne genug Jungen, die nicht mal ihr Fahrrad reparieren können!"

7 „Sie gehen nur nach dem Äußeren. Am tollsten finden sie Mädchen mit langen blonden Haaren. Ich finde, es kommt auf den Charakter an und nicht auf das Aussehen!"

8 „Sie trauen sich nicht, uns Mädchen anzusprechen. Sie sind immer mit ihren Freunden zusammen. Und wenn ein Mädchen mal einen Jungen anspricht, dann machen sich seine Freunde über ihn lustig!"

> Try to predict as much as you can
> from the context. Only look up key
> words which you don't already know.

10 Lies den Text

Füll den Steckbrief aus.

Die „Ghetto Sisters" aus Kreuzberg sind die größte Mädchenbande in Berlin. „Bei uns machen ungefähr 25 Türkinnen mit", sagt Aynur (18 Jahre), die Anführerin. „Wir nehmen jede auf, die unser Vertrauen hat und die gegen die Rechten ist." Die Rechten – das sind vor allem die Skinheads aus dem Osten.

„Seit der Maueröffnung machen sie Jagd auf uns", erzählt Aynur. „Die Skinheads schlugen damals auf jeden ein, der ausländisch aussah. Niemand wollte uns helfen – da mußten wir es selber tun!" Überall in Berlin entstanden danach ausländische Jugendbanden: „Die „Ghetto Sisters" verteidigen seitdem Kreuzberg – wenn es sein muß, mit Gewalt!" erklärt Aynur. „Wir leben hier im Ghetto, und auf der Straße lernen wir, wie man kämpft!"

„Wie sieht eure Freizeit aus?" fragen wir sie. „Ich bin immer draußen. Zu Hause bin ich nur zum Schlafen", erzählt Aynur. „Die Straße ist unser Revier. Wir malen unseren Namen und unsere „tags" – unsere Zeichen – an die Mauern. Dann weiß jeder: Hier beginnt das Gebiet der „Ghetto Sisters"! Wir spielen auch oft Baseball, und wir gehen manchmal ins Jugendzentrum. Einige von uns machen dort einen Selbstverteidigungs-Kurs. Was wir da lernen, zeigen wir dann den anderen – das ist ein gutes Training für die Straße..." grinst Aynur. Dann wird sie ernst: „Als Ausländer hast du hier keine Rechte. Man läßt dich nicht mal in Discos rein! Wir sehen hier täglich Haß und Gewalt. Doch wenn es sein muß, schlagen wir zurück – uns tun Schläge nicht mehr weh!"

Name:
Alter:
Nationalität:
Wohnt in:
Name der Bande:
Freizeit:

Warum ist Aynur in einer Bande? Mach Notizen.

11 Du hast etwas verloren

Mach Notizen.

Beispiel:

 4.8 Waldestraße

VERLOREN
Silberne Kette
am 4. August
in der
Waldestraße

a  12.6 SPORTZENTRUM

c  5.9

e  1.12

b  14.2 KINO

d  20.7 RATHAUS

f  7.4

12 Wie war es im Restaurant?

Bochum, den 12. Januar

Sehr geehrte Damen und Herren,
ich schreibe, um mich bei Ihnen zu beklagen.
Ich habe gestern in Ihrem Restaurant gegessen
und war nicht zufrieden.

Der Kellner war sehr unhöflich.

Beispiel:
!*?!9!!

Schreib weiter!

a

b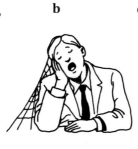

c

d

e

Hochachtungsvoll

Read through what you
have written to check for
possible errors.

13 Ein Unfall ist passiert

Hier ist ein Augenzeugenbericht.
Füll die Lücken aus.

Am vierten Mai um halb zwei habe ich einen ...... gesehen. Das Wetter war .... Es hatte ...... und die Straßen waren .... Ich bin mit dem Auto ...... die Stadtmitte gefahren in Richtung Stadium. Ein Lastwagen, der in der selben ...... fuhr, hat mich vor einer Kurve .... Ein Motorrad ist aus der anderen Richtung uns ...... und ist mit dem Lastwagen .... Der Fahrer des Lastwagens hat nicht .... Der Motorradfahrer war schwer .... Meiner Meinung nach sind beide zu ...... gefahren

angehalten	naß
zusammengestoßen	verletzt
schlecht überholt	schnell
entgegengefahren	durch
geregnet Richtung	Unfall

14 Du siehst diesen Unfall

Schreib deinen eigenen Bericht.

19. DEZ

Zum Üben

(1: siehe Seite 125; 2, 3: siehe Seite 126)

1 *um zu* Sätze

Bilde Sätze

Beispiel:
Ich fahre heute in die Stadt.
Ich gehe einkaufen.
Ich fahre heute in die Stadt, um einkaufen zu gehen.

1 Ich gehe heute zum Sportzentrum.
  Ich spiele Volleyball.

2 Meine Freunde und ich treffen uns heute abend um acht Uhr.
  Wir gehen ins Kino.

3 Herr Breuer geht zum Supermarkt.
  Er kauft Wurst.

4 Nach dem Essen geht Stephanie in ihr Schlafzimmer.
  Sie macht ihre Hausaufgaben.

5 Frau Schulz besucht das Fundbüro.
  Sie sucht ihre Handtasche.

2 Füll die Lücken aus

1 Ich habe eine Schwester, ... Sabine heißt.
2 Das ist der schönste Blick, ... ich je gesehen habe.
3 Hier ist der Wagen, ... wir kaufen möchten.
4 Wer ist das Kind, ... du gestern im Park gesehen hast?
5 Wo sind die Blumen, ... ich gerade gekauft habe?
6 Danke für den Brief, ... ich heute erhalten habe.
7 Das ist die Tante, ... in Leipzig wohnt.
8 Hier ist das Haus, in ...... mein Freund wohnt.

den	den	die
dem	den	die
das	die	

3 Bilde Sätze

Beispiel:
Mein Freund hat einen Hund. Der Hund heißt Rudi.
Mein Freund hat einen Hund, der Rudi heißt.

1 Ich habe eine Jacke gekauft. Die Jacke kostet 175,-DM.
2 Kennst du meinen Freund Christian? Ich fahre mit Christian nach Israel.
3 Hast du das Bild gesehen? Ich habe das Bild selber gemalt.
4 Ich finde das Restaurant toll. Das Restaurant gehört meinem Onkel.
5 Das ist bestimmt der Mann. Ich habe den Mann in Berlin kennengelernt.

Vokabeln

Allgemeines	General
die Angst("-e)	fear
die Armbanduhr(-en)	wrist watch
der Augenzeugenbericht(-e)	eyewitness report
die Ausländerfeindlich-keit(-en)	hostility to foreigners
das Benzin	petrol
die Brille(-n)	glasses
das Fundbüro(-s)	lost property office
das Gefühl(-e)	feeling
der Geldbeutel(-)	purse
die Gewalt	violence
die Halskette(-n)	necklace
die Handtasche(-n)	handbag
die Haube(-n)	bonnet (of a car)
der Haß (no pl)	hate
die Jacke(-n)	jacket
der Kofferraum("-e)	car boot
die Kupplung(-en)	clutch
das Lenkrad("-er)	steering wheel
das Licht(-er)	light
die Maueröffnung(-en)	opening of the (Berlin) wall
der Motor(-en)	engine
der Notdienst(-e)	emergency service
die Panne(-n)	breakdown
die Polizeiwache(-n)	police station
das Portmonnaie(-s)	purse
die Rechnung(-en)	bill
das Recht(-e)	right
der Regenschirm(-e)	umbrella
der Reifen(-)	tyre
die Reifenpanne(-n)	burst tyre
der Ruhetag(-e)	closing day
der Schlüssel(-)	key
der Selbstverteidigungskurs(-e)	
	self-defence course
der Umbau(-ten)	rebuilding, alteration
der Unfall("-e)	accident
die Werkstatt("-en)	garage, workshop
die Windschutzscheibe(-n)	windscreen
aggressiv	aggressive
blöd	stupid

dünn	thin
eingebildet	conceited
geschlossen	closed
naß	wet
schüchtern	shy
toll	super, great
unhöflich	impolite
unpünktlich	unpunctual, late
verletzt	injured
zufrieden	satisfied
abholen	to collect
anhalten	to stop (in a car)
bezahlen	to pay
entgegenfahren	to drive towards
funktionieren	to function
kämpfen	to fight
melden	to report
nerven	to irritate
passieren	to happen
reden	to talk
schlagen	to hit
sich beklagen	to complain
telefonieren	to telephone
überholen	to overtake
weinen	to cry
zusammenstoßen	to collide
außer Betrieb	out of order
Die Farbe gefällt mir nicht	I don't like the colour
Es ist mir zu groß/klein/teuer	It's too big/small/expensive
Es tut mir sehr leid	I'm sorry
Ich habe Angst vor (+ dative)	I'm afraid of
Ich habe eine Panne gehabt.	I've had a breakdown
Ein Unfall ist passiert.	An accident has happened
Ich bin auf der Autobahn A3 Richtung München kurz nach der Ausfahrt nach Ulm	I'm on the M3 travelling towards Munich just past the Ulm exit.
Können Sie bitte einen Abschleppwagen schicken?	Please send a breakdown truck.
Das Autokennzeichnen ist ...	The car registration number is...
Ich brauche einen Krankenwagen	I need an ambulance

1 Welche Fotos passen zu welchem Interview?

2 Beantworte die Fragen

1 Was lernen Schweizer Kinder schon in der Schule?
   a Umweltschutz
   b Biologie und Physik

2 Was gibt es in jeder Klasse?
   a Theateraktionen
   b Umweltschutzprojekte

3 Was machen Schweizer Familien mit ihrem Müll?
   a sie werfen ihn weg
   b sie recyceln ihn

4 Was sparen sie zu Hause?
   a Wasser und Energie
   b Geld

5 Wieviel Prozent der MIGROS-Papierprodukte sind recycelt?
   a 40 Prozent
   b 60 Prozent

6 Sind diese Produkte teurer oder billiger?
   a billiger
   b teurer

7 Was für Produkte kaufen Urs und Pia nur?
   a billige Produkte
   b recycelte Produkte

8 Weshalb sind die Schweizer so umweltbewußt?
   a sie wissen, wie wichtig die Natur ist
   b weil es billiger ist

3 Telefongespräche mit dem Verkehrsamt

Wie kommen die drei Touristen am besten nach München?

Listen to as much German as you can on radio and television.

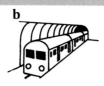

4 Das Auto in der Stadt

Was sind die Gründe für und gegen das Autofahren in der Stadt?
Mach Notizen.

5 Fragen zu den Bildern

Wie fährt man hier?
Welche Probleme gibt es für die Umwelt?

> Answer the questions and add as
> much extra detail as you can.

Du bist dran

1 Wie kommst du zur Schule?
2 Wie lange dauert die Reise?
3 Wie fährst du normalerweise in die Stadt?
4 Wie fährst du, wenn du ins Ausland reist?
5 Wie fährst du am liebsten, wenn du in Urlaub fährst?
6 Wie fährt man am schnellsten?
7 Was ist umweltfreundlicher – mit der Straßenbahn
   oder mit dem Bus zu fahren?
8 Was machst du für die Umwelt?
9 Ist Umweltschutz wichtig?
   Bist du dafür oder dagegen?

6 Am Bahnhof

A ist ein Fahrgast
B ist ein Bahnhofsvorsteher

A: Wo fährt der Zug nach *Hamburg* ab, bitte?
B: *Ab Gleis vier.*
A: Kommt er hier rechtzeitig an?
B: *Nein. Er hat fünf Minuten Verspätung.*
A: Muß ich umsteigen?
B: *Nein. Der Zug fährt direkt.*
A: Wo finde ich *den Warteraum*, bitte?
B: *Auf Gleis neun.*

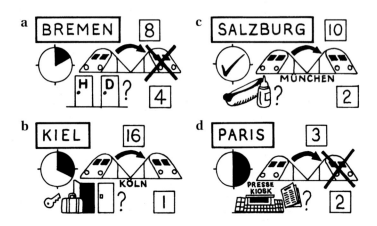

7 In der Werkstatt

Erfinde einen Dialog zu dieser Situation.

Partner A ist Fahrer
- Erzähl, was passiert ist.
- Erzähl, welche Probleme es mit dem Wagen gibt.
- Frag, ob der Mechaniker ihn reparieren kann.
- Frag, wann der Wagen fertig sein wird.
- Frag, was es alles kosten wird.

Partner B ist Mechaniker
- Beantworte die Fragen des Fahrers.

8 Partnerarbeit

1 Schau auf den Münchener U- und S-Bahn Plan und beantworte die Fragen.

- **a** Welche Bahnlinie fährt zum Flughafen?
- **b** Wie viele Bahnlinien halten am Marienplatz?
- **c** Wo ist das Klinikum Großhadern (S,W,N,O)?
- **d** Du fährst vom Olympiazentrum zum Messegelände. Wo mußt du umsteigen?
- **e** Mit welcher Linie kannst du zum Zoo fahren?

2 Übt zusammen.

Beispiel:
A: Wie fahre ich von *Starnberg* nach *Odeonsplatz*?
B: Du fährst mit *der Linie 7 und der Linie 6.*
A: Wo muß ich umsteigen?
B: *Am Marienplatz.*

MVV · HA 1 / Stand: Juni 1994

9 Was ist umweltfreundlich?

Kreuz die richtigen Antworten an.

1 Du kaufst Cola
   a in Dosen.
   b in Mehrwegflaschen.

2 Deine Schulhefte sind
   a aus Umweltschutzpapier.
   b aus weißem Papier.

3 Wie kommst du zur Schule?
   a Mit dem Fahrrad.
   b Mit dem Auto.

4 In der Pause ißt du Joghurt
   a aus dem Glas.
   b aus dem Plastikbecher.

5 Zum Einkaufen nimmst du
   a eine Plastiktüte.
   b eine Stofftasche.

6 Altes Papier
   a wirfst du in den Mülleimer.
   b bringst du zum Altpapiercontainer.

10 Lies die Notizen zum Thema Umweltverschmutzung

Finde die passenden Überschriften.

a Jedes Jahr gibt es etwa 4 – 500 Arten von Vögeln, Reptilien, Fischen, Insekten und Säugetieren weniger.

b Giftiges Schwefeldioxid ist in unserer Luft – Smogalarm in den Großstädten!

c Die Meere und Flüsse sind tot; das Wasser ist durch Pestizide und Nitrate verschmutzt.

d In jeder Sekunde werden weltweit 10 000 m² tropischer Regenwald zerstört – die Folge: Erosion.

1 **Gefahr für Bäume**

2 Schmutzige Luft

3 **Tiersterben**

4 GIFT IM GEWÄSSER

11 Lies den Text

Sind die Sätze richtig oder falsch?

1 1990 starben 100 000 Jugendliche bei Autounfällen.
2 Im Osten Deutschlands gab es 1990 weniger Verkehrsunfälle.
3 Es gibt jetzt ein Programm für Fahranfänger.
4 Dieses Programm gibt es in ganz Deutschland.
5 Jugendliche Fahrer dürfen nur 80kmh fahren.
6 Die meisten Unfälle passieren am Wochenende.
7 In Deutschland kann man mit 18 den Führerschein machen.
8 50% aller getöteten Jugendlichen sterben bei Verkehrsunfällen.

> Only look up key words that you don't know.

Jeder zweite Jugendliche, der in Deutschland sein Leben verliert, stirbt bei einem Verkehrsunfall. Besonders an Wochenenden und in ländlichen Regionen verunglücken junge Fahrer mit ihren Autos oder Motorrädern.
1990 verunglückten über 100 000 junge Fahrer zwischen 18 und 25 Jahren. Tödlich verunglückten fast 2 000. Besonders erschreckend: Während in den alten Bundesländern die Unfallzahlen leicht zurückgingen, stiegen sie in den neuen Bundesländern um 279 Prozent bzw. 672 Prozent (Verunglückte bzw. Getötete im Alter von 18-21). Häufigste Ursache: zu hohe Geschwindigkeit (23 Prozent). Fast 50 Prozent der Unfälle passierten bei Nässe, Schnee oder Eis. Besonders hoch ist auch die Zahl der nächtlichen Unfälle. Als häufigste Unfallart gibt die Polizei „Fahrunfälle" an, also „Abkommen von der Straße".

Tod nach der Disko

Autofahren macht mobil. Immer mehr Jugendliche haben schon mit 18 Jahren ihren Führerschein. Dann dürfen sie das Familienauto benutzen oder können sich sogar ein eigenes Auto kaufen. Gerade auf dem Land braucht man ein Auto, meinen die meisten. Denn Diskotheken, Sportanlagen und andere Freizeit-möglichkeiten hat man nicht direkt vor der Tür, und Busse oder Bahnen fahren viel zu selten durch die Dörfer. Die meisten Unfälle Jugendlicher passieren am Wochenende. In nur 12 Nachtstunden, nämlich von Freitag 22 Uhr bis Samstag 4 Uhr sterben 19 Prozent der Fahrer und 24 Prozent der Mitfahrer. Dies sind die gefürchteten Disko-Unfälle der 18-24jährigen: Man fährt in fröhlicher Stimmung nach Hause. Oft hat man noch viele Freunde dabei, das Auto ist überladen. Das Radio spielt mit voller Lautstärke, man fährt leichtsinniger. Der Fahrer hat Alkohol getrunken. Das schlimme Ergebnis liest man jeden Montag in der Regionalzeitung.

Modell für Fahranfänger

Wer gerade seinen Führerschein gemacht hat, ist noch lange kein perfekter Fahrer. Die Erfahrungen sammelt man erst in der Praxis. Trotzdem dürfen Anfänger wie alle anderen Fahrer ohne Einschränkungen am Verkehr teilnehmen. Keiner verbietet den jungen Erwachsenen, ein schnelles Auto zu kaufen. Keiner verlangt, daß sie nur 80 fahren. Seit einem Jahr gibt es darum einen Modellversuch für Fahranfänger: „Jugend fährt sicher". Das Programm beginnt während der Fahrschulzeit. Wenn sich das Modell bewährt, will man es bundesweit einführen.

12 Verkehrsunfälle

Warum gibt es so viele Verkehrsunfälle mit Jugendlichen?
Nenn die Gründe.

13 Was paßt zusammen?

Finde das passende Schild.

Parkplatz
Einbahnstraße
Autobahn
Erste Hilfe
Tankstelle
Polizei
Autobahngasthaus
Fußgängerunterführung
Baustelle
Kurve
Ampel
Kreuzung

14 Eine Umfrage

Wie kommst du normalerweise zur Schule?

zu Fuß	8
mit dem Auto	23
mit dem Bus	30
mit der Bahn	16
mit der U-Bahn	6
mit der Straßenbahn	24
mit dem Rad	33
mit dem Motorrad	5

Schreib die Resultate aus.

Beispiel:
Acht Schüler kommen zu Fuß.

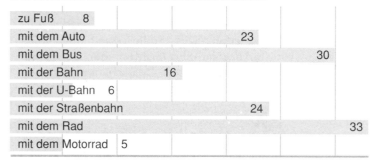

DAS AUTO   DAS FAHRRAD

DAS FLUGZEUG

DIE STRASSENBAHN

15 Ein Umweltmagazin

**Du schreibst einen Artikel für ein Umweltmagazin.
Was sind die Vor-und Nachteile von diesen Verkehrsmitteln?**

Beispiel:

	Vorteile	Nachteile
das Auto	Es ist schnell und bequem.	Es ist manchmal schwierig zu parken.

16 Du fährst nächste Woche nach Deutschland

Hier sind deine Reisepläne.

Trip to Germany
Train leaves London Victoria 19.00, 19th June
Arr. Dover 20.30
Leave on Dover-Ostende ferry at 22.00
Arr. 5.00am next day
Catch train to Cologne at 6.30am
Arr. Cologne 12.00
Change - 13.23 D156 train on to Bonn
Get Martin to collect me - Bonn 14.20

Schreib einen Brief auf deutsch an deinen Austauschpartner, um ihm alles zu erklären.

Zum Üben

(1: siehe Seite 123/4; 2, 3, 4: siehe Seite 125)

1 Das Imperfekt

Schreib die Verben im Imperfekt auf.

Beispiel:
Letztes Jahr ... (reisen) ich nach Indien.
*Letztes Jahr **reiste** ich nach Indien.*

1 Wie geht es dir? Du (sehen) schon mal besser aus!
2 Danach (essen) ich einen Apfel.
3 Ich (vergessen) doch tatsächlich meine Schlüssel!
4 Meine Mutter (lassen) mich nicht zum Konzert gehen.
5 Er (stehen) schon 10 Minuten vor der Tür.

6 Der Ober (empfehlen) mir die Gemüsepizza.
7 Gestern (schlafen) ich sogar bis 1 Uhr!
8 Was (geschehen) dann?
9 Im Winterurlaub (brechen) er sich ein Bein.

2 Fragesätze

Verwandle die Sätze in Fragesätze.

Beispiel:
Radfahren ist umweltfreundlicher als Autofahren.
Ist Radfahren umweltfreundlicher als Autofahren?

1 Du sortierst deinen Müll.
2 Die Klasse macht eine Umweltaktion.
3 Die Regenwälder sind in Gefahr.
4 Beim Einkaufen benutzt er eine Stofftasche.
5 Müll war ein großes Problem an der Schule.

6 Viel Sonne ist schlecht für die Haut.
7 Spraydosen sind gefährlich für die Umwelt.
8 Die Bäume verlieren ihre Blätter.
9 Die Schule hat zwei grüne Tonnen gekauft.
10 Es wird immer mehr Autos geben.

3 Fragewörter

Setz die Fragewörter links mit den Satzteilen rechts zusammen.

1 Welches
2 Wie
3 Wer
4 Wieviel
5 Wie lange
6 Wann
7 Was für
8 Warum
9 Was

a kommt der Zug?
b muß ich mein Zimmer aufräumen?
c hast du gestern abend gemacht?
d eine Jacke hast du dir gekauft?
e Fahrrad gehört dir?
f hat die beste Note?
g sieht dein Bruder aus?
h dauert die Fahrt?
i Geld ist in deiner Geldbörse?

4 Schreib das passende Fragewort auf

1 Ich weiß nicht, ... die CD kostet.
2 Kannst du mir sagen, in ...... Kino der neue Keanu Reaves-Film läuft?
3 Meine Mutter möchte wissen, ... ein Buch ich mir zum Geburtstag wünsche.
4 Weißt du schon, ... ich auf dich warte?
5 Susi erfährt gleich, ... Note sie im Mathetest hat.
6 Ich weiß nicht, ... sie so wütend ist.
7 Ich weiß nicht, ... ich einladen soll!
8 Können Sie uns sagen, ... wir zum Bahnhof kommen?
9 Weiß er schon, ... CD-Spieler sein Bruder kaufen will?
10 Mein Bruder weiß nicht, ... man ein Fahrrad repariert!

wie	welchem
wie lange	wen
welche	warum
welchen	wieviel
was für	wie

Vokabeln

Umwelt	Environment
der Altpapiercontainer(-)	wastepaper container
der Auspuff(-e)	exhaust
der Baum("-e)	tree
das Blatt("-er)	leaf, sheet (of paper)
die Dose(-n)	tin, can
die Energie	energy
die Erde	earth
der Fluß(-sse)	river
die Gefahr	danger
die Luft	air
die Mehrwegflasche(-n)	returnable bottle
der Müll	rubbish
der Mülleimer(-)	rubbish bin
die Natur (no pl)	nature
die Plastiktüte(-n)	plastic bag
der Regenwald("-er)	rain forest
der Sauerregen	acid rain
das Säugetier(-e)	mammal
der See(-n)	lake
die See	sea
die Stofftasche(-n)	cloth bag
der Umweltschutz	protection of the environment
die Umweltverschmutzung	pollution of the environment
der Wald("-er)	forest
das Waldsterben	destruction of the forest
giftig	poisonous
sauber	clean
umweltbewußt	environmentally aware
umweltfreundlich	environmentally friendly
verschmutzt	polluted
recyceln	to recycle
reparieren	to repair
sparen	to save
wegwerfen	to throw away
zerstören	to destroy

Transport	Transport
das Auto(-s)	car
der Bahnhofsvorsteher(-)	station master
die Bremse(-n)	brake
der Bus(-se)	bus
der Busfahrer(-)	bus driver
der Bushaltestelle	bus stop
die Buslinie(-n)	bus route
die Fahrkarte(-n)	ticket

der Fahrplan	timetable
das Fahrrad("-er)	bicycle
der Fahrschein(-e)	ticket
der Flug	flight
der Flughafen	airport
das Flugzeug(-e)	plane
der Führerschein	driving licence
das Gleis(-e)	track, platform
das Mofa(-s)	moped
der Motorrad("-er)	motorbike
der Radhelm(-e)	cycle helmet
der Radweg(-e)	cycle track
die S-Bahn	city and suburban railway
der Scheinwerfer	headlight
das Schließfach("-er)	locker
die Sesselbahn	chair lift
der Stau	traffic jam
die Straßenbahn(-en)	tram
die U-Bahn	underground
die Verspätung(-en)	delay
der Wagen(-)	car
der Warteraum("-e)	waiting room
der Zeitungskiosk(-e)	newspaper kiosk
der Zug("-e)	train
bequem	comfortable
direkt	direct
rechtzeitig	on time
schnell	fast
tot	dead
abfahren	to depart
ankommen	to arrive
fliegen	to fly
halten	to stop
schwarzfahren	to travel without a ticket
sterben	to die
umsteigen	to change (trains)
verunglücken	to have an accident
Der Zug hat fünf Minuten Verspätung	The train is five minutes late
erster oder zweiter Klasse?	first or second class?
Raucher oder Nichtraucher?	smoking or non-smoking?
Wann fährt der nächste/ erste Zug nach...?	When does the next/first train depart for....?
Von welchem Gleis fährt er ab?	From which platform?
Wann kommt er an?	When does it arrive?
Muß ich umsteigen?	Do I have to change?
Muß ich Zuschlag zahlen?	Do I have to pay a supplement?

Kontrollen

Kontrolle 1

 1 Hör dem Interview mit Ina zu und mach Notizen

Steht auf um:
Frühstück:
Zur Schule:
Schule – wie lange:
Nach der Schule:

2 Schreib die passenden Wörter auf

1 Mein Lieblingsfach ist Deutsch, weil ich gerne ... .
a rechne **b** abschreibe **c** lese

2 „Herr Ober! Die ... bitte!"
a Zahlen **b** Rechnung **c** Reinigung

3 Wer schlechte Noten hat, bleibt ... .
a sitzen **b** stehen **c** schlau

4 Karin bekommt genug Taschengeld – sie ... jeden Monat 10 Mark.
a kauft **b** holt **c** spart

5 Mein Mathelehrer ist sehr ... .
a unbequem **b** teuer **c** streng

6 Er macht keinen Sport – er ist sehr ... .
a faul **b** leise **c** fleißig

7 In ... essen die Schüler zu Mittag.
a der Pause **b** der Stunde **c** dem Klassenzimmer

8 Sonja trägt nur modische ... .
a Klamotten **b** Karotten **c** Schuluniformen

3 Du bist dran

1 Wie kommst du zur Schule?
2 Wann fängt deine Schule an, und wann endet sie?
3 Was machst du in den Pausen?
4 Was sind deine Lieblingsfächer?
5 Welche Fächer magst du nicht?
6 Wie findest du deine Lehrer/Lehrerinnen?

7 Was findest du in der Schule gut/nicht so gut?
8 Was ißt du mittags?
9 Was machst du nach der Schule?
10 Warst du schon mal in einer Schule in einem anderen Land? Wie war das?

4 Partnerarbeit – macht Dialoge

Beispiel:
A – Hast du Lust, ...?
B – Nein, ... mag ich nicht so gern.
  – Möchtest du ......?
A – Nein, ... interessiert mich nicht.
B – Wie wäre es mit ......?
A – Ja gern!

5 Was essen sie gern?

Lies die Texte. Kreuz die passende Zeichnung an.

1

Guten Appetit, Sven!

Was ißt du gerne? Am liebsten Eis. Ich esse es mindestens einmal täglich. Es erfrischt und schmeckt sehr gut. **Was magst du nicht?** Butter, Wirsing (Kohlsorte) und Kasslerbraten. **Ißt du zusammen mit deiner Familie?** Nur morgens beim Frühstück. **Was ißt du zwischendurch?** Natürlich Eis. Manchmal esse ich einen Schokoriegel. Bei großem Hunger kaufe ich mir Gyros (griechisch; Fleisch vom Spieß) oder Pizza. **Machst du dein Essen auch selber?** Ja, zum Beispiel Bratkartoffeln oder Nudeln, mit Schinken und Käse überbacken.

2

Guten Appetit, Johanna!

Liebst du Süßes? Ja! Ich sterbe für Schokolade. **Was magst du außerdem?** Kartoffelgratin. Das esse ich dreimal pro Woche. **Du lebst in einer Wohngemeinschaft. Was essen deine Freunde?** Wir essen alle vegetarisch. Fleisch ist nicht gut für den Körper. **Was ißt du zwischendurch?** Obst, Joghurt oder Brot mit Käse. **Was ist dein Lieblingsrezept?** „Kartoffelgratin alla Jo": Gekochte Kartoffeln, in Scheiben geschnitten, mit Spinat und Käse in eine Form geben. 20 Minuten bei 175 Grad Celsius backen. Danach kommen Käse und saure Sahne dazu.

6 Du bist dran

Was ißt du gern, und was ißt du nicht gern? Mach zehn Sätze mit **gern/nicht gern.**

7 Füll den Fragebogen zum Thema Sport aus

1 Welche Sportarten machst du? ....

2 Wie oft machst du Sport? ....

3 Wo machst du Sport? ....

4 Mit wem machst du Sport? ....

5 Was war dein größter Erfolg oder Sieg? ....

6 Was findest du gut am Sport? ....

7 Was findest du nicht gut? ....

8 Lies den Artikel und kreuz den richtigen Satz an

1 Fernsehen ist gut für Schüler.
2 Fernsehen ist langweilig.
3 Fernsehen ist nicht schlecht für Schüler.

Computer & Co

Fernsehen macht langweilig, und Computer machen einsam – dieses Vorurteil ist falsch. Das haben Wissenschaftler der Universität in Bielefeld herausgefunden. Sie befragten 1 500 Jugendliche und kamen zu dem Ergebnis: Schüler, die gern fernsehen und am Computer arbeiten, sind keine Stubenhocker. Im Gegenteil: Sie haben viele andere Interessen, zum Beispiel Sport, sie treffen sich gerne mit Gleichaltrigen und sie sind in Vereinen und Jugendgruppen engagiert!

9 Schreib das richtige Wort in die Sätze

1 Unser Fernseher steht ... Wohnzimmer.
  a auf dem **b** unter dem **c** im

2 Die Sporthalle ist ... dem Supermarkt.
  a neben **b** in **c** an

3 Wir treffen uns ... der Bushaltestelle.
  a auf **b** an **c** unter

4 Mein Computer steht ... dem Schreibtisch.
  a unter **b** in **c** auf

5 Die Schule ist ... dem Berg.
  a in **b** auf **c** über

6 Mein Bruder fährt ... seinem Skateboard.
  a hinter **b** auf **c** unter

7 Wir sitzen gern ... der Eisdiele.
  a auf **b** über **c** in

8 In der Pause spielen wir ... Schulhof.
  a unter dem **b** an dem **c** auf dem

Kontrolle 2

1 Hör dem Interview mit Meike und Silke zu

Was für Probleme haben Meike und Silke mit ihren Eltern?
Mach Notizen.

2 Setz die richtigen Wörter in die Sätze

1 Tom hat oft mit seinen Eltern ... .
  a Problem   **b** Streit   **c** Angst

2 Sein Problem ist, daß seine Eltern sehr ... sind.
  a schade   **b** spät   **c** streng

3 Sie wollen nicht, daß er am Wochenende .... .
  a ausgeht   **b** ausgibt   **c** ausleiht

4 Am Wochenende muß er sein Zimmer ... .
  a aufstehen   **b** aufräumen   **c** aufessen

5 Er soll auch seiner Mutter mehr im ... helfen.
  a Haus   **b** Hilfe   **c** Haushalt

6 Aber Tom sieht lieber fern – am liebsten sieht er ... .
  a Sendungen   **b** Programme   **c** Kabelfernsehen

7 Er hat jetzt mit seiner Freundin ... gemacht.
  a Schluß   **b** fertig   **c** solo

8 Tom meint: „Eine ... Freundschaft ist nichts für mich!"
  a frische   **b** feste   **c** feine

3 Lies den Text und kreuz den passenden Satz an

1 Plan B haben nur in Deutschland Fans.
2 Plan B machen Musik nicht nur für Deutsche.
3 Plan B singen auf deutsch.

PLAN B IST GRENZENLOS

„Musik ist eine internationale Sprache"

...sagt die deutsche Band Plan B. Die Gruppe kommt ursprünglich aus Berlin. Sie wurden bekannt mit einer Platte über den Treibhaus-Effekt (=Temperaturanstieg auf der Erde). Eine Musik-Tour durch Deutschland und die Vereinigten Staaten war ein großer Erfolg für Plan B. Der Musikstil ist sehr gemischt: Reggae, Blues und Rock. Auch hier ist Plan B international. „Wir wollen keine Grenzen setzen, unsere Musik soll offen bleiben. Wir sind keine typisch deutsche Band, denn wir lieben internationale Arbeit. Dabei kann man viel lernen", behauptet Plan B.

4 Du bist dran

1 Wie oft siehst du fern?
2 Welche Sendungen siehst du am liebsten?
3 Warum?
4 Welche Sendungen interessieren dich nicht?
5 Warum nicht?
6 Wie findest du Kabelfernsehen?
7 Was für Zeitungen liest du?
8 Warum?
9 Welche Zeitungen liest du nicht?
10 Warum nicht?

5 Setz die Sätze in das Futur

1 Ich lese Zeitung.
2 Wir sehen fern.
3 Er hat eine feste Freundin.
4 Du moderierst eine Jugendsendung.
5 Ich mache mein Zimmer sauber.
6 Ihr habt einen großen Hit.
7 Sie gehen ins Theater.
8 Sie kommt zu meiner Party.

6 Schau auf Mareikes Terminkalender

Schreib auf, was sie jeden Tag macht.

Beispiel:
Am Montag geht sie um 14 Uhr ins Kino.

	Montag	Dienstag	Mittwoch	Donnerstag	Freitag
10 Uhr					
11 Uhr			Mathearbeit		
12 Uhr		Zahnarzt			
13 Uhr					
14 Uhr	Kino		Eisdiele	Oma vom Bahnhof abholen	
15 Uhr		Schwimmen			
16 Uhr	Kaffeetrinken bei Julia				
17 Uhr					Treffen mit Fotogruppe
18 Uhr			Zimmer aufräumen		
19 Uhr	Pizzeria mit Ute	Party bei Jan			
20 Uhr					Disco

7 Lies den Text und beantworte die Fragen

1 Was für ein Tier ist Teddy?
2 Wo lebt er?
3 Wem gehörte er?
4 Was passierte in den Sommerferien?
5 Wer fand Teddy – und wo?
6 Welche Tiere leben im Tierheim?
7 Wie viele Hunde leben jetzt im Tierheim?
8 Welche Zeit ist für sie am schlimmsten?

Teddy sitzt in der Ecke des Käfigs und heult. Die Hunde in den anderen Käfigen beginnen auch zu bellen. Das machen sie immer, wenn ein Fremder kommt. Sie warten. „Kommt jemand, der mich abholt?" scheinen sie zu fragen. Teddy lebt im Tierheim Dellbrück bei Köln. Er hat ein typisches Hundeschicksal. Kinder hatten den Mischlingshund zu Weihnachten bekommen. Da war er noch klein und süß. Also er größer wurde, war die Freude an dem neuen „Spielzeug" schnell vorbei. Man mußte zuviel tun für das Tier: täglich spazierengehen, es pflegen, füttern. Schon gab es Ärger in der Familie: Niemand wollte das alles machen. Schlimm wurde es in den Sommerferien. Teddys Familie wollte Urlaub im Ausland machen. Im Auto war wenig Platz. Der Hund brauchte einen Impfpaß. Die Familie hatte keine Freunde, die Teddy für drei Wochen nehmen wollten. Das Drama endete an einer Raststätte auf der Autobahn. Dort fand die Polizei Teddy. Er war an einem Pfahl gebunden und hatte keine Hundemarke. Sie brachten ihn ins Tierheim nach Dellbrück.

Fast in jeder größeren deutschen Stadt gibt es Tierheime. Dorthin kommen Hunde und Katzen, die keiner mehr haben will. Das Dellbrücker Tierheim hat Platz für 120 Hunde. Jetzt, kurz vor den Ferien, sind es 180. Die Ferienzeit ist eine schlimme Zeit für Tierheime. Sie wissen oft nicht mehr, wo sie die Hunde unterbringen sollen. Aber wenn jemand kommt, sagen sie selten „nein". Oft finden Polizei oder Feuerwehr die Tiere in dunklen Kellern, auf Raststätten, auf dem Flughafen. Einige Tiere haben tagelang nichts mehr gefressen. Manchmal rufen die Nachbarn die Polizei, wenn nebenan ein Hund heult. Auch die Mitarbeiter der Tierheime gehen Hinweisen nach.

8 Schreib einen Brief an deine(n) Brieffreund(in)

Beschreib dein Zimmer.

– Wie groß ist es?   – Wie ist es?
– Was gibt es in deinem Zimmer?   – Was machst du dort?

9 Setz die Verbteile unten in die richtigen Sätze

Beispiel: Ich wasche **mich**.

1 Ich stehe morgens früh ... .
2 Ich fahre gleich ... .
3 Ich freue ... .
4 Ich schließe die Tür ... .
5 Ich gebe das Geld ... .
6 Ich ärgere ... .
7 Ich schlafe ... .
8 Ich setze ... .

ein	auf	mich	ab	aus

1 Hör dem Interview mit Sven zu

Mach Notizen.

2 Setz das richtige Wort in die Sätze

1 Sandra macht im Sommer ein ... in der Firma ihrer Tante.
a Lehre   b Beruf   c Arbeitspraktikum

2 Im ... arbeiten zehn Leute.
a Betrieb   b Haus   c Bett

3 Bei jedem Interview sollte man ... sein.
a nervös   b höflich   c hübsch

4 Martin schreibt eine ... an die Firma Meier.
a Einladung   b Liste   c Bewerbung

5 Eine Sekretärin muß Briefe ... .
a telefonieren   b tippen   c tun

6 Herr Meier sucht Arbeit – deshalb liest er die ... in der Zeitung.
a Stellengesuche   b Sternzeichen
c Stellenanzeigen

7 Ein LKW-Fahrer braucht einen ... .
a Fahrschein   b Führerschein   c Fahrplan

8 Sandra macht eine ... als Sekretärin.
a Lehre   b Lehrling   c Lebenslauf

3 Partnerarbeit

Du möchtest ein Arbeitspraktikum machen. Du telefonierst mit dem Personalchef. Erfindet weitere Dialoge.

– Guten Tag.
– Guten Tag. Ich möchte gern ein Praktikum in Ihrem Betrieb machen.
– Wo möchten Sie denn Ihr Praktikum machen?
– Am liebsten *im Büro*.
– Wann möchten Sie das Praktikum machen?
– Vom *15.7. bis zum 31.7.*
– Ja, das ist kein Problem. Können Sie *Briefe tippen*?
– Nein, leider nicht. Aber ich kann *mit Computern arbeiten*.
– Dann können Sie *der Sekretärin des Chefs* helfen.

4 Du machst ein Arbeitspraktikum im Kölner Verkehrsamt

Vier Touristen fragen dich: „Wo ist ...?"
Schau auf den Stadtplan und beschreib den Weg.

Beispiel:
– Entschuldigen Sie. Wie komme ich zur Gürzenichstraße?
– Sie gehen *geradeaus*. Dann die *zweite Straße rechts*. Dann nehmen Sie *die zweite Straße links* und dann *geradeaus* – dort ist *die Gürzenichstraße*.

1 Wo ist die Ludwigstraße?
2 Wie komme ich zur Glockengasse?
3 Wissen Sie, wo die Martinstraße ist?
4 Wie komme ich zum Alten Markt?

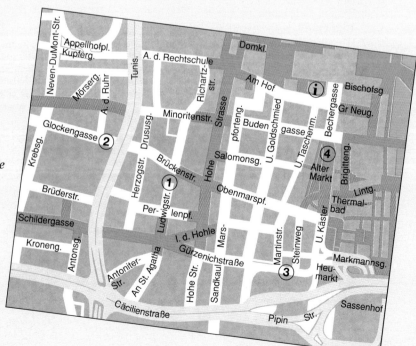

5 Du machst im Sommer ein Arbeitspraktikum in München

An den freien Wochenenden möchtest du die Stadt besuchen.
Schreib einen Brief an das Verkehrsamt.
Diese Informationen müssen im Brief sein.

– Wann?
– Wie lange?
– Sehenswürdigkeiten?
– Wann auf – wann zu?
– Welche Verkehrsmittel?
– Preise?

6 Lies den Artikel

Beantworte die Fragen

1 Wo arbeitet Anja?
2 Warum gefällt ihr die Arbeit?
3 Wie hat sie den Job bekommen?
4 Was möchte sie später machen?
5 Wo hat sie ein Arbeitspraktikum gemacht?
6 Warum hat sie das Praktikum gemacht?

Anja, 20 Jahre:

„Mir gefällt, daß ich draußen mit dem Fahrrad unterwegs bin. Das ist schöner, als im Büro zu sitzen. Ich habe nette Kollegen und bin oft schon um 13.00 Uhr mit der Arbeit fertig. Dann habe ich noch viel Freizeit." Anja muß sehr früh aufstehen. Sie arbeitet als Briefträgerin bei der Post. Schon um 6.00 Uhr sortiert sie Briefe, die sie dann mit dem Postfahrrad austrägt. „Ich habe einfach angerufen und den Job bekommen" erzählt sie. „Zwei Wochen lang hat mich ein Briefträger auf der Tour begleitet und mir alles erklärt. Die ersten drei Tage habe ich gedacht, daß ich es nicht schaffe. Jetzt mache ich die Arbeit schon seit zwei Monaten allein." Anja möchte Nachrichtentechnik studieren. Ein Praktikum hat sie auch schon bei der Post gemacht. „Das hatte aber nichts mit meinem jetzigen Job zu tun. Den mache ich nur, um Geld zu verdienen. Das Geld brauche ich für mein Studium. Außerdem möchte ich bald von zu Hause ausziehen und eine eigene Wohnung haben. Der Umzug ist natürlich teuer."

7 Setz das richtige Wort in die Sätze unten

1 Thomas ... ein Praktikum im Büro gemacht.
  a ist   **b** heben   **c** hat

2 Er ... mit dem Fahrrad zur Arbeit gefahren.
  a hat   **b** ist   **c** wollte

3 Morgens ... er um 7 Uhr aufgestanden.
  a mußte   **b** hat   **c** ist

4 Nachmittags ... er Briefe getippt.
  a hat   **b** sein   **c** ist

5 Mittags ... sein Chef und er zusammen in die Kantine gegangen.
  a ist   **b** sind   **c** haben

6 Manchmal ... er auch mit Kunden telefoniert.
  a durfte   **b** ist   **c** hat

8 Lies den Artikel

Sind die Sätze richtig oder falsch?

1 Vor fünf Jahren gab es viele freie Lehrstellen.
2 Heute wollen viele Jugendliche lieber ein Studium machen.
3 120 Lehrstellen bleiben heute frei.
4 1984 bekamen fünf von 100 Bewerbern keine Lehrstelle.
5 Die meisten Mädchen entscheiden sich für technische Berufe.

Die Suche nach dem Lehrling

Wer vor fünf Jahren eine Lehrstelle suchte, mußte viele Bewerbungen schreiben. Heute ist das einfacher. Es gibt mehr Lehrstellen als Bewerber. Viele Geschäfte hängen sogar Schilder in ihre Schaufenster, um einen Lehrling zu finden. Der Grund: In den 70er Jahren sind weniger Kinder geboren worden. Außerdem wollen viele Jungen und Mädchen lieber studieren. Das Ergebnis: Auf 120 offene Lehrstellen kommen 100 Bewerber. 1984 gab es dagegen nur 95 freie Lehrstellen auf 100 Bewerber. Die Hitparade der „Lehrberufe" hat sich dagegen kaum geändert. Bei den Jungen sind noch immer die technischen Berufe wie Automechaniker beliebt. Die Mädchen wählen am häufigsten die Berufe Kauffrau, Friseuse und Verkäuferin.

9 Jetzt bist du dran

1 Was möchtest du nach der Schule machen?
2 Warum?
3 Was möchtest du nach der Schule nicht machen?
4 Warum nicht?
5 Was ist dein Traumberuf?
6 Warum?
7 Was macht man in diesem Beruf?
8 Was braucht man dafür?
9 Für welchen Beruf interessierst du dich gar nicht?
10 Warum nicht?

Kontrolle 4

 1 Hör dem Interview mit Sandra zu

Beantworte die Fragen.

1 Wo hat Sandra letzten Sommer Urlaub gemacht?
2 Was hat ihr dort gefallen?
3 Was hat ihr dort nicht gefallen?
4 Was für Probleme gab es?

2 Setz das passende Wort in die Sätze

1 ... Regen ist sehr verschmutzt.
  a süßer   **b** salziger   **c** saurer

2 Wer zu lange in der Sonne liegt, bekommt einen ... .
  a Sonnenschutz   **b** Sonnenbrand   **c** Sonnenöl

3 „Hilfe! Eine Wespe hat mich ...!"
  a gebissen   **b** geschnitten   **c** gestochen

4 Für einen Campingurlaub braucht man ein ... .
  a Zelt   **b** Zimmer   **c** Zoll

5 Der Arzt ... dem Patienten Tabletten.
  a verbindet   **b** verschreibt   **c** verkauft

6 Die Autos ... mit ihren Abgasen unsere Luft.
  a vergiften   **b** verletzen   **c** verbrennen

7 Immer mehr Leute benutzen heute ... Verkehrsmittel.
  a öffentliche   **b** geschlossene   **c** verbrennen

8 Pfandflaschen sind besser für die Umwelt als ... .
  a Einwegflaschen   **b** Glasflaschen
  c Zweiwegflaschen

3 Du packst deinen Rucksack für den Campingurlaub

Erzähle, was du mitnimmst.

Beispiel:
Ich nehme *zwei Pullover* mit.
Ich packe auch *zwei T-Shirts* ein.
Ich brauche *ein Handtuch, einen Schlafsack und Sonnenöl.*
Den Regenschirm und *den Fön* brauche ich nicht.
Den Gameboy und *den Computer* nehme ich auch nicht mit.

4 Lies den Artikel

Kreuz den richtigen Satz an.

1 Mehr ausländische als deutsche Touristen besuchten die alten Bundesländer.

2 Die meisten Touristen kamen aus Fernost.

3 Mehr deutsche als ausländische Touristen besuchten die alten Bundesländer.

Deutschland ist als Reiseland wieder im Kommen

WIESBADEN – Gäste aus Japan und den USA haben für März wieder verstärkt Urlaubsziele in den alten Bundesländern gebucht, wie das Statistische Bundesamt mitteilte. Aus Fernost kamen 57 Prozent mehr Reisende als im März des vergangenen Jahres, aus den USA 29 Prozent mehr. Insgesamt stiegen die Übernachtungszahlen ausländischer Besucher im März um sechs Prozent auf 2,3 Millionen, während die alten Bundesländer für die Einheimischen an Attraktivität verloren haben: Registriert wurden 17,8 Millionen Übernachtungen, das sind fünf Prozent weniger als im gleichen Vorjahresmonat. Verlierer in der Besuchergunst waren Schleswig-Holstein mit einem Minus von 24 Prozent und Niedersachsen mit zehn Prozent weniger Übernachtungen.

DIE WELT

Im Kommen sein – modern -, gefragt sein
die Besuchergunst – Beliebtheit (unter den Besuchern)

5 *Haben* oder *sein*?

Schreib die Wörter in die Lücken.

Im letzten Sommer ... ich Urlaub in Spanien gemacht. Ich ... mit meinen Eltern nach Valencia gefahren. Morgens ... ich an den Strand gegangen. Ich ... mich gesonnt, und ich ... im Meer geschwommen. Nachmittags ... ich einen Stadtbummel gemacht. Wir ... auch oft in ein Café gegangen und ... dort Limonade getrunken. Abends ... wir meist im Hotel geblieben und ... dort gegessen. Danach ... ich manchmal in die Disco im Hotel gegangen – das ... Spaß gemacht!

6 Lies den Artikel

Kreuz den richtigen Satz an.

1 Viele Schulen recyceln Müll.
2 Milch, Kakao und Saft produzieren am meisten Abfall.
3 Alle Grundschulen recyceln Glasflaschen.

Müll an Schulen

Abfallrecycling im Unterricht, das ist ein Thema in den meisten deutschen Schulklassen. Aber nur wenige Schulen sammeln Müll in getrennten Behältern. Das heißt: Glas kommt in den Glascontainer und Papier in den Papiercontainer. Getränkeverpackungen machen den meisten Müll, denn die Schulen verkaufen Milch, Kakao und Saft doch noch in Tüten – die dann in den Müll wandern. Nur die Grundschulen sind eine Ausnahme. Jede zweite Grundschule verkauft die Schulmilch in Mehrweg-Glasflaschen. Das heißt, die Schulen sammeln die leeren Flaschen. Diese werden gespült und mit neuer Milch gefüllt.

7 Du bist dran

1 Findest du Umweltschutz wichtig oder nicht?
2 Warum (nicht)?
3 Was machst du für die Umwelt?
4 Was machst du nicht für die Umwelt?
5 Nenne fünf umweltfreundliche Dinge.
6 Nenne fünf umweltfeindliche Dinge.
7 Was kann man recyceln?
8 Was kann man nicht recyceln?
9 Hast du schon einmal eine Umweltinitiative an deiner Schule gemacht?
10 Was hast du gemacht?

8 Lies den Artikel

Lies die drei Sätze unten. Welcher Satz paßt am besten?

1 Sandra kommt aus Westberlin und lebt jetzt im Osten der Stadt.
2 Sandras Wohnung ist sehr kaputt.
3 Sandra und ihre Freunde wollen ihr Haus verschönern.

9 Schreib die richtigen Wörter in die Sätze

1 Emine hat einen Bruder, ... 15 Jahre alt ist.
2 Das ist der Mantel, ... ich verloren habe.
3 Hier ist das Haus, in ... Emines Großeltern wohnen.
4 Ali wohnt in einem Haus, ... sehr alt ist.
5 Kennst du die Frau, ... wir im Bus getroffen haben?
6 Ich suche meine Katze, ... ich immer noch nicht gefunden habe.
7 Dort ist der Polizist, ... so nett zu mir war.
8 Wo sind meine Einkaufstaschen, ... ich auf den Stuhl gestellt habe?

Hausbesetzer in Ost-Berlin

Mainzer Straße, Ost-Berlin: Am 4. November 1990 gab es hier blutige Straßenschlachten. Die Polizei wollte besetzte Häuser räumen, junge Chaoten antworteten mit Molotow-Cocktails, selbstgebauten Brandbomben. Kein Frieden nach der Einheit – nur Randale?

"Wir wollen keine Gewalt", sagt Sandra, 17, aus Ost-Berlin. Sie wohnte früher in der Mainzer Straße. Dort war alles ganz friedlich – "doch dann kamen die Wessi-Chaoten!" (Wessis und Ossis: umgangssprachlich für Leute aus Westdeutschland bzw. Ostdeutschland; Anmerkung der Redaktion). "Die sind verantwortlich für die Randale." Sandra ärgert sich über diese Berufsdemonstranten: "Die kommen und sagen 'Wir machen das, wir haben da Erfahrung' ..."

Sandra und ihre Freunde besetzen Häuser, weil sie nicht mehr zu Hause leben wollen. 37 000 Wohnungen stehen leer in Ost-Berlin. Doch die meisten sind kaputt: kein Wasser, keine Heizung, keine Toiletten. 85 300 Berliner haben einen Wohnungsantrag gestellt. Viele junge Leute sind dabei. Sie wollen endlich weg aus der engen Elternwohnung.

"Wir sind durch die Straßen gegangen. Überall sieht man die leeren Häuser. Da haben wir uns einfach die Wohnungen genommen", erzählt Sandra. Das ging ohne Krawall, ganz friedlich. Endlich hatten sie die Freiheit, die sie wünschten. Jetzt hat sie mit zehn Leuten ein anderes Haus besetzt. "Wir verhandeln mit dem Senat. Wir wollen die Häuser nicht kaputtmachen. Wir wollen sie renovieren. Aber teure Eigentumswohnungen wollen wir auch nicht. Die können nur Wessis bezahlen."

Grammar summary

1 Nouns

Examples:

Genders	der/ein = masculine die/eine = feminine das/ein = neuter	
Nouns (singular)	der/ein Tisch die/eine Katze das/ein Klassenzimmer	*the/a table* *the/a cat* *the/a classroom*
Nouns (plural)	die Tische die Katzen die Klassenzimmer	*the tables* *the cats* *the classrooms*

Remember:
- All nouns in German always start with a capital letter.
- Learn the gender (**der**, **die** or **das**) with the noun.
- In the plural all genders become **die**.
- There are some rules governing plurals but it is best to learn each one as you learn the noun itself.
- When speaking about peoples' jobs and nationalities it is usual to omit the article, for example
  Mein Vater ist Polizist.   *My father is a policeman.*
  Ich bin Engländer(in).   *I'm English.*

2 Cases

1 The Nominative case

Example:

Der Hund heißt Rudi.   *The dog is called Rudi.*

Remember:
- The nominative case is used for the subject of a sentence.
- The nominative case is the one used in vocabulary lists, i.e. the forms **der**, **die** and **das** for *the*, and **ein**, **eine**, **ein** for *a* or *an*.

2 The Accusative case

Examples:

Der Hund frißt **das** Fleisch.   *The dog eats the meat.*
Der Hund beißt **den** Mann.   *The dog bites the man.*

Remember:
- The accusative case is used for the object of a sentence.
- It is also used after certain prepositions. See sections 5:1 and 5:3.
- Only the masculine article is changed by the accusative case.

3 The Dative case

Example:

Er gibt **dem** Hund das Fleisch.   *He gives the meat to the dog.*

Remember:
- The dative case is used to express the idea of *to* or *for someone or something.*
- In the dative plural form nouns add an extra **–n**.
- It is used after certain prepositions. See sections 5:2 and 5:3.
- It is also used after certain verbs. See section 6:8.

4 The Genitive case

Examples:

Der Hut **der** Frau ist gelb.   *The woman's hat is yellow.*
Der Hut **des** Mann**es** ist braun.   *The man's hat is brown.*

Remember:
- The genitive case is used to express the idea *of* or *belonging to someone or something*.
- It does not occur very frequently in ordinary usage.
- Masculine and neuter nouns also add an extra **–(e)s** in the genitive.
- The genitive case is also used with some prepositions. See section 5:4.

5 Summary of cases

a The Definite article
(also: **dieser, diese, dieses; jener, jene, jenes** etc)

	Nominative	Accusative	Dative	Genitive
m	der	den	dem	des -(e)s
f	die	die	der	der
n	das	das	dem	des -(e)s
(plural)	die	die	den -n	der

b The Indefinite article
(also: **mein, meine, mein; kein, keine, kein**)

	Nominative	Accusative	Dative	Genitive
m	ein	einen	einem	eines -(e)s
f	eine	eine	einer	einer
n	ein	ein	einem	eines -(e)s

Remember:
- There is a small group of masculine nouns (weak masculine nouns), for example **der Junge** - *the boy*, **der Bär** - *the bear*, **der Mensch** - *the person*, which add **-(e)n** in all cases in the singular and plural except in the nominative.

Example:

Nominative	Accusative	Dative	Genitive
Singular			
der Junge	den Jungen	dem Jungen	des Jungen
der Bär	den Bären	dem Bären	des Bären
der Mensch	den Menschen	dem Menschen	des Menschen
Plural			
die Jungen	die Jungen	den Jungen	der Jungen
die Bären	die Bären	den Bären	der Bären
die Menschen	die Menschen	den Menschen	der Menschen

Remember:
- Your dictionary will tell you whether a masculine noun falls into this category.

3 Pronouns

Examples:

	Nominative	Accusative	Dative
I	ich	mich	mir
you (informal singular)	du	dich	dir
he/she/it	er/sie/es	ihn/sie/es	ihm/ihr/ihm
one	man	einen	einem
we	wir	uns	uns
you (informal plural)	ihr	euch	euch
they	sie	sie	ihnen
you (polite singular and plural)	Sie	Sie	Ihnen

Remember:
- When written in mid-sentence **ich** starts with a small **i**.
- Note the different meanings of **sie/Sie**.
- In German **man** is often used. In English it can mean *one, you, they* or *we*.
- In letters pronouns always start with a capital letter, for example:
  Hast **D**u meine Postkarte bekommen?

See also:
- Reflexive verbs - section 6:1f.
- Relative pronouns - section 11.

4 Adjectives

1 General

When the adjective stands on its own there is no ending.
Example:

Das Haus ist **groß**.   *The house is big.*

When the adjective stands in front of the noun an ending is added.

Example:

ein groß**es** Haus   *a big house*

2 Adjective endings after the definite article

Nominative	Accusative	Dative	Genitive
Masculine			
der alte Mann	den alten Mann	dem alten Mann	des alten Mannes
Feminine			
die kleine Frau	die kleine Frau	der kleinen Frau	der kleinen Frau
Neuter			
das große Haus	das große Haus	dem großen Haus	des großen Hauses
Plural			
die neuen Schuhe	die neuen Schuhe	den neuen Schuhen	der neuen Schuhe

3 Adjective endings after the indefinite article

Nominative	Accusative	Dative	Genitive
Masculine			
ein alter Mann	einen alten Mann	einem alten Mann	eines alten Mannes
Feminine			
eine kleine Frau	eine kleine Frau	einer kleinen Frau	einer kleinen Frau
Neuter			
ein großes Haus	ein großes Haus	einem großen Haus	eines großen Hauses
Plural			
neue Schuhe	neue Schuhe	neuen Schuhen	neuer Schuhe

4 Adjective endings without an article

Nominative	Accusative	Dative	Genitive
Masculine			
guter Wein	guten Wein	gutem Wein	guten Weins
Feminine			
gute Suppe	gute Suppe	guter Suppe	guter Suppe
Neuter			
gutes Brot	gutes Brot	gutem Brot	guten Brotes
Plural			
gute Weine	gute Weine	guten Weinen	guter Weine

5 Making comparisons

Examples:

Markus ist **älter** als Karl.   *Markus is older than Karl.*
Aber Richard ist **am ältesten**.   *But Richard is the eldest.*

This table shows how adjectives change to form the comparative and the superlative, (eg *big*, **bigger, biggest**).

Adjective	Comparative	Superlative
alt	älter	am ältesten
klein	kleiner	am kleinsten
schnell	schneller	am schnellsten
schön	schöner	am schönsten
Note:		
gut	besser	am besten

Remember:
- When used as an adjective before a noun, comparatives and superlatives continue to add on the appropriate adjectival endings.

Examples:

Ich habe den **älteren** Bruder gesehen.   I have seen the elder brother.
Sie hat das **teuerste** Kleid im Laden gekauft.   She bought the most expensive dress in the shop.

6 Possessive adjectives

Examples:

> Das ist **mein** Buch
> Wo ist **ihre** Mutter?

my	mein
your (informal singular)	dein
his	sein
her	ihr
its (one's)	sein
our	unser
your (informal plural)	euer
their	ihr
your (polite singular and plural)	Ihr

Remember:
- Possessive adjectives follow the same pattern as the indefinite article. See table in section 2:5b

7 Adjectives used as a noun

Example:

> ganz   *whole*   das **Ganze**   *the whole thing*

Remember:
- Adjectives used as nouns start with a capital letter.
- Add the appropriate adjectival endings. See tables 4:2-4 on page 119.

8 *Etwas/nichts/wenig/viel* + adjective

Example:

> Ich habe etwas **Schönes** für dich.

Remember:
- **Etwas/nichts/wenig** and **viel** never take an ending
- The adjective should be written with a capital letter (exception: **ander/etwas anderes**)
- The adjective takes the ending -**es.**

9 Use of *meist(e)(n)* and *beid(e)(n)*

These are adjectives and must take the appropriate endings.

Examples:

die meiste Zeit	*most of the time*
die meisten Leute	*most people*
die beiden Schwestern	*both sisters*

5 Prepositions

1 Prepositions which are always followed by the accusative case

durch	*through*	um	*around*
für	*for*	wider	*contrary to*
gegen	*against*		
ohne	*without*		

Examples:

Das ist ein Geschenk **für meinen** Bruder.	*That's a present for my brother.*
Das Geschäft ist **um die** Ecke.	*The shop is around the corner.*

2 Prepositions which are always followed by the dative case

aus	*out of, from*
bei	*at ___'s house*
gegenüber	*opposite*
mit	*with*
nach	*after, to*
seit	*since*
von	*from, of*
zu	*to*

Examples:

Sie kommt **aus der** Schweiz.	*She comes from Switzerland.*
Gehen wir **zum** Bahnhof?	*Are we going to the station?*
Der Engländer wohnt **bei mir.**	*The Englishman is staying at my house.*

Remember:
- Note these shortened or contracted forms:

zu dem → **zum**	bei dem → **beim**
zu der → **zur**	von dem → **vom**

3 Prepositions which are sometimes followed by the dative and sometimes by the accusative case

Preposition	Meaning(s) with dative	Meaning(s) with accusative
an	*at, on*	*up to, over to, onto*
auf	*on*	*onto*
in	*in*	*into*
hinter	*behind*	*(go) behind*
neben	*near, next to*	*(go) beside, next to*
über	*above, over*	*(go) over, across*
unter	*under*	*(go) under*
zwischen	*between*	*(go) between*

Examples:

Das Bild hängt **an der** Wand.	*The picture is hanging (hangs) on the wall.*
Er kam **ans** Fenster.	*He came up to the window.*
Die Katze schläft **auf dem** Stuhl.	*The cat is sleeping on the chair.*
Die Maus springt **auf den** Stuhl.	*The mouse jumps onto the chair.*
Anna sitzt **im** Kino.	*Anna is sitting in the cinema.*
Jens geht **ins** Kino.	*Jens is going into the cinema.*
Franz sitzt immer **neben mir** in Mathe.	*Franz always sits next to me in maths.*
Anna hat sich **hinter mich** gesetzt.	*Anna sat down behind me.*

Remember:
- When followed by the dative the above prepositions indicate *where something is.* When followed by the accusative they indicate *movement.*
- Note these contracted forms:

an dem → **am**	in dem → **im**
an das → **ans**	in das → **ins**

4 Prepositions which are always followed by the genitive case

trotz	*in spite of*
wegen	*because of*
während	*during, whilst*
(an)statt	*instead (of)*
außerhalb	*outside of*
innerhalb	*inside of*

Examples:

Wegen des Wetters	*Because of the weather*
Während der Sommerferien	*During the summer holidays*

See also:
• Verbs with prepositions – section 6h.

6 Verbs

Examples:

Er **spielt** Tennis.	*(present tense) He plays tennis./He is playing tennis.*
Er **wird** Tennis **spielen**.	*(future tense) He will play tennis.*
Er **hat** Tennis **gespielt**.	*(perfect tense) He has played tennis.*

Remember:
● If you look for a verb in a vocabulary list or dictionary, it will be given in a form called the infinitive. In English this means *to do, to see*, etc. In German the infinitive form always ends in **–n**, for example **spielen** (*to play*), **sein** (*to be*), **basteln** (*to model*).

1 The Present tense

The present tense describes what someone is doing at the moment or does habitually (eg every day).

Examples:

Was **macht** Jutta im Moment?	*What's Jutta doing at the moment?*
Sie **spielt** im Park.	*She is playing in the park.*
Was **machst** du abends?	*What do you do in the evenings?*
Normalerweise **mache** ich meine Hausaufgaben.	*I normally do my homework.*

a Regular verbs
The usual pattern of the present tense is as follows:

spielen *(to play)*	
ich	spiel**e**
du	spiel**st**
er/sie/es/man	spiel**t**
wir	spiel**en**
ihr	spiel**t**
sie	spiel**en**
Sie	spiel**en**

Verbs following this pattern are called *regular*.

b Irregular verbs
Verbs which do not follow the above pattern exactly are called *irregular* verbs. In the present tense irregular verbs make changes in the **du** and **er/sie/es/man** form as follows:

Example:

fahren *(to go, drive)*	laufen *(to run)*	sehen *(to see)*	geben *(to give)*
ich fahre	ich laufe	ich sehe	ich gebe
du f**ä**hrst	du l**äu**fst	du s**ie**hst	du g**i**bst
sie f**ä**hrt	er l**äu**ft	sie s**ie**ht	es g**i**bt
a → ä	au → äu	e → ie	e → i

A list of the most common irregular verbs is given on page 127/8.

c Haben *and* sein
Two very important irregular verbs which you need to know are **haben** (*to have*) and **sein** (*to be*). Here are their present tense forms:

	haben	sein
ich	habe	bin
du	hast	bist
er/sie/es/man	hat	ist
wir	haben	sind
ihr	habt	seid
sie	haben	sind
Sie	haben	sind

d Modal verbs
This is the name given to a group of six verbs which can be added to a sentence together with another verb in the infinitive. They are all irregular. Here are the present tense forms of the modal verbs:

	dürfen *(to be allowed to)*	können *(to be able to)*	mögen *(to like)*
ich	darf	kann	mag
du	darfst	kannst	magst
er/sie/es/ man	darf	kann	mag
wir	dürfen	können	mögen
ihr	dürft	könnt	mögt
sie	dürfen	können	mögen
Sie	dürfen	können	mögen

	müssen *(to have to)*	sollen *(to ought to)*	wollen *(to want to)*
ich	muß	soll	will
du	mußt	sollst	willst
er/sie/es/ man	muß	soll	will
wir	müssen	sollen	wollen
ihr	müßt	sollt	wollt
sie	müssen	sollen	wollen
Sie	müssen	sollen	wollen

The modal verb leads to a second verb at the end of the sentence, which is in the infinitive.

Example:

Ich **muß** am Dienstag **arbeiten**.
   modal verb   2nd verb in the infinitive
I must/have to work on Tuesday.

e Separable verbs

In dictionaries, separable verbs are often shown like this:
ab/fahren, an/kommen, auf/stehen, etc.

In the **Vokabeln** sections of this book, the separable prefix is shown in bold: **ab**fahren.

In the present tense the first part, or prefix, (eg **ab**, **an**, **ein**, **auf**, etc.) separates and goes to the end of the sentence or clause.

Example:

(**ab**fahren)

Der Zug **fährt** um 10 Uhr **ab**.   *The train departs at 10 o'clock.*

(**an**kommen)

Wann **kommt** der Zug in Frankfurt **an**?   *When does the train arrive in Frankfurt?*

If a modal verb is used in the same sentence, a separable verb joins back together at the end of the sentence.

Example:

Ich **muß** so früh **auf**stehen!   *I have to get up so early!*

f Reflexive verbs

Reflexive verbs are used to give the idea of *myself, yourself, him/herself* etc. You need to use an extra *reflexive* pronoun – **mich**, **dich**, etc. with these verbs.

In a word list, the infinitive of a reflexive verb always has **sich** in front of it.
Common reflexive verbs include:

sich anziehen	*to get dressed*
sich duschen	*to shower*
sich freuen	*to be pleased*
sich setzen	*to sit down*
sich waschen	*to get washed*

In the present tense, the reflexive forms are as follows:

ich wasche mich	*I wash myself*
du wäschst dich	*you wash yourself*
er/sie/es/man wäscht sich	*he/she/it/one washes him/her/it/oneself*
wir waschen uns	*we wash ourselves*
ihr wascht euch	*you wash yourselves*
sie waschen sich	*they wash themselves*
Sie waschen sich	*you wash yourself/yourselves*

g Imperatives

Examples:

Mach die Tür auf!
Setzen Sie sich!

Formation of the imperative for regular verbs, for example *kommen*:

(du)	Komm mit!
(ihr)	Kommt mit!
(Sie)	Kommen Sie!

For the imperative form of irregular verbs see the irregular verb table on page 127/8.

Remember:

- The imperative is often emphasised with the use of **mal**, for example
Kommen Sie **mal** her!

h Verbs with prepositions

In German many verbs also have a preposition with them which takes the accusative, dative or genitive cases. The use of a different preposition with a particular verb can change the meaning of the verb, for example:

bestehen **aus** (+ dative)	*to consist of*
Dieser Kuchen besteht aus Mehl, Eiern und Zucker.	*This cake consists of flour, eggs and sugar.*
bestehen **auf** (+ accusative)	*to insist on*
Ich bestehe auf meine Rechte.	*I insist on my rights.*
sich freuen **auf** (+ accusative)	*to look forward to*
Ich freue mich sehr auf deinen Besuch.	*I'm looking forward very much to your visit.*
sich freuen **über** (+ accusative)	*to be pleased about*
Ich freue mich über dieses schöne Geschenk.	*I'm very pleased about this lovely present.*

2 The Future tense

The future tense describes what someone will do or is going to do. There are two ways in German of talking about the future.

a Use of the present tense + expression of time

We can use the present tense with an expression of time telling us when something is going to happen.

Example:

Ich fahre **morgen** nach Bonn.   *I'm going to Bonn tomorrow.*

b Using part of the verb werden

The true future tense is formed by using part of the verb **werden**, plus an infinitive which goes at the end of the sentence.

Part of werden	Rest of sentence	Infinitive at end
Ich werde Du wirst Er/Sie/Es/man wird Wir werden Ihr werdet Sie werden Sie werden	am Samstag eine Hose nächste Woche ins Kino diesen Sommer nach Portugal	kaufen. gehen. fliegen.

Example:

Ich **werde** morgen nach Bonn **fahren**.   *I will go to Bonn tomorrow.*

3 The Perfect tense

The perfect tense is used to describe events which have happened in the past. In particular it is used in speech, or when writing letters about things which have happened.

a Choice of haben or sein

There are two parts to the perfect tense: the auxillary verb, which is always a part of either **haben** or **sein**; and the past participle of a verb, which goes to the end of the sentence. **Haben** verbs are generally those verbs which take a direct object, for example

Ich habe ein Geschenk gekauft.   *I bought a present.*

Sein verbs do not take a direct object. They are often used to denote movement, for example

Ich bin im Meer geschwommen.	*I swam in the sea.*

Some verbs can take either **haben** or **sein**, depending on the context.
Example:

Ich **habe** das Auto gefahren.	*I drove the car.*
Ich **bin** nach Paris gefahren.	*I went to Paris.*

b Regular verbs

To make the past participle of a regular verb add **ge–** to the **er/sie/es** part of the present tense.

Example:

er spielt	**ge**spielt
(er/sie/es part of present tense)	*(past participle)*

Here are some examples of the perfect tense in whole sentences with the auxilliary verb **haben**:

Auxilliary verb part of haben	Rest of sentence	Past participle	Meaning
Ich habe	meine Hausauf-gaben	gemacht.	*I've done my homework.*
Sie haben	den ganzen Tag	gearbeitet.	*You/They have worked all day.*

Some verbs, usually verbs of movement or travel, form the perfect tense with the auxilliary verb **sein**.

Auxilliary verb part of sein	Rest of sentence	Past participle	Meaning
Sie ist	nach Bremen	gefahren.	*She has travelled to Bremen.*
Sind Sie	schon einmal	geritten?	*Have you ever been horseriding?*

Remember:

- Some verbs drop the **ge–** altogether from the past participle, for example

Michael hat ein Hotelzimmer **reserviert.**	*Michael has reserved a hotel room.*

- **Sein, bleiben** and **werden** all take **sein** as an auxiliary in the perfect tense, for example
  Ich **bin** gewesen
  Er **ist** geblieben
  Du **bist** geworden

c Irregular verbs

A list of irregular past participles is shown on page 127/8. These should be learnt by heart.

d Separable verbs

When they are the past participle at the end of the sentence, they close up again with **ge** in the middle.

Example:
(abfahren)

Der Zug **ist** um 10 Uhr **abgefahren.**	*The train left at 10 o'clock.*

(ausfahren)

Ich **habe** den Hund **ausgeführt.**	*I have taken the dog out.*

e Reflexive verbs

With reflexive verbs, the reflexive pronoun (**mich, dich,** etc.) stays as close as possible to the auxilliary verb.

Examples:

Ich **habe mich** nach dem Hockeyspiel **geduscht.**	*I showered after the hockey match.*
Wir **haben uns** über die Nachrichten sehr **gefreut**.	*We were very pleased to hear the news.*

4 The Pluperfect tense

This tense is used to convey the idea of *had* done something.
Example:

Ich **hatte** die Karten schon gekauft.	*I had already bought the tickets.*
Ich **war** schon letztes Jahr nach London gefahren.	*I had already been to London last year.*

The pluperfect tense is formed in exactly the same way as the perfect tense except that the imperfect forms of the auxilliary verbs **haben** and **sein** are used. These are as follows:

	haben	sein
ich	hatte	war
du	hattest	warst
er/sie/es/man	hatte	war
wir	hatten	waren
ihr	hattet	wart
sie	hatten	waren
Sie	hatten	waren

5 The Imperfect tense

The imperfect tense is also used to describe events in the past, in particular to relate a story or a past event. Written accounts, stories and reports are usually in the imperfect tense.

a Use of imperfect rather than perfect tense

Some very common verbs are nearly always used in the imperfect instead of the perfect tense. These are **haben, sein, werden** and the modal verbs. You can find the imperfect forms in the verb table on pages 127/8.

Examples:

Wir **mußten** gehen.	*We had to go.*
Ich **hatte** Angst.	*I was afraid.*
Man **konnte** es kaum sehen.	*You/one could hardly see it.*

b Regular verbs

To form the imperfect tense, add the following endings to the **er/sie/es** present tense form of the verb:

Example:

er **spielt** *(present tense)*			
ich spiel**te**	*I played*	wir spiel**ten**	*we played*
du spiel**test**	*you played*	ihr spiel**tet**	*you played*
er/sie/es/man spiel**te**		sie spiel**ten**	*they played*
	he/she/it/one played	Sie spiel**ten**	*you played*

c Irregular verbs

Find the imperfect stem of the verb by looking at the table on pages 127/8.

Example:

gehen → ging

Then add the following endings:

ich ging	*I went*
du ging**st**	*you went*
er/sie/es/man ging	*he/she/it/one went*
wir ging**en**	*we went*
ihr ging**t**	*you went*
sie ging**en**	*they went*
Sie ging**en**	*you went*

6 The Conditional tense

The conditional tense is used to say *what you would do, if* .....

Form the conditional tense as follows:

Wenn ich ..... wäre, würde ich .....(+ *infinitive at the end*)
If I were .....,   I would .....

Wenn ich ..... hätte, würde ich .....(+ *infinitive at the end*)
If I had ...,   I would ...

Examples:

Wenn ich reich wäre, würde ich nach Amerika fahren.	*If I were rich, I would travel to America.*
Wenn ich zehntausend Mark hätte, würde ich eine Weltreise machen.	*If I had ten thousand marks, I would go on a world trip.*

Other uses of the conditional tense that you need to recognise include:

Ich möchte ein Kilo Äpfel.	*I'd like a kilo of apples.*
Könntest du den Tisch decken, bitte.	*Could you lay the table, please.*
Wir sollten meine Oma besuchen.	*We should (ought to) visit my granny.*
Würden Sie bitte das Fenster zumachen.	*Would you please close the window.*

7 Negatives

a Nicht

The word **nicht** is usually used to express *not*.

Examples:

Ich gehe **nicht**.	*I'm not going.*
Er ist **nicht** jung.	*He is not young.*

b kein/keine

The word **kein**(e) is used with nouns to express the idea *no, not a, not any*.
Kein(e) follows the pattern of **ein(e)** for endings and adjectival agreements.

Examples:

Das ist **kein** Hund. Das ist **ein** Fuchs!	*That's no dog. That's a fox!*
Ich habe **keinen** Bruder, aber ich habe **eine** Schwester.	*I haven't got a brother but I have got a sister.*

Remember:
● **nicht** + **ein(e)** = **kein(e)**

c) The word nichts means nothing.

Examples:

Ich habe heute **nichts** gekauft.	*I haven't bought anything today.*
Ich habe **nichts** dagegen.	*I have nothing against it.*

8 Verbs followed by the dative case

The following are a selection of the most common verbs which are followed by the dative case:

helfen	*to help*
antworten	*to answer*
gelingen	*to succeed*
glauben	*to believe someone*
danken	*to thank*
gehören	*to belong to*
schmecken	*to taste*

Note also these common phrases :

Es tut mir leid.	*I'm sorry.*
Es geht mir gut.	*I'm fine.*
Es tut mir weh.	*It hurts.*
Es ist mir kalt.	*It's cold.*

9 The Passive mood

The passive mood describes what is done to something or someone, for example

Das Essen wird gekocht.	*The food is being cooked.*
Das Auto wurde gestohlen.	*The car was stolen.*

The present tense of the passive mood is formed by using the correct form of the present tense of **werden** with a past participle, for example

ich werde	(+ past participle)
du wirst	
er/sie/es/man wird	
wir werden	
ihr werdet	
sie werden	
Sie werden	

The past form is formed using the imperfect form of **werden** with a past participle, for example

ich wurde	(+ past participle)
du wurdest	
er /sie/es/man wurde	
wir wurden	
ihr wurdet	
sie wurden	
Sie wurden	

7 Word order

1 Verb as second idea

The verb is usually the second *idea* in the sentence or clause. Sometimes it is the actual second word, but not always.

Examples:

Ich (1) **heiße** (2) Martin.	*I am called Martin.*
Der Zug (1) **fährt** (2) um 8 Uhr ab.	*The train departs at 8 o'clock.*
Morgen (1) **gehe** (2) ich einkaufen.	*I'm going shopping tomorrow.*

In the last example the **ich** is pushed on in the sentence so that **gehe** is still the second idea.

2 Some of the words which send the verb to the end of the sentence or clause

The most common ones are:

als	*when*
bis	*until*
daß	*that*
ob	*whether*
obwohl	*although*
während	*while*
weil	*because*
wenn	*when/if*
wo	*where*

Examples:

Er sagt, **daß** er krank *ist*.	*He says that he is ill.*
Wenn es *regnet*, fahre ich mit dem Bus zur Schule.	*When it is raining I go to school by bus.*

3 Words which don't change the order

The following five words can be used to join sentences without changing the word order : **und**, **oder**, **aber**, **denn**, **sondern**.

Example:

Es schneit, **aber** es ist schön.	*It's snowing, but the weather is nice.*

4 *um ... zu*

This expresses *in order to*. The infinitive is used with **zu** and goes to the end of the sentence.
Example:

Ich ging zum Krankenhaus, **um** meine Oma **zu** besuchen.

5 Time, manner, place

In sentences with several elements in them, they appear in the order: time (when), manner (how), place (where), for example
Ich bin um 10 Uhr (*time*) mit dem Zug (*manner*) nach München (*place*) gefahren.

6 Order of pronouns and nouns in a sentence

Notice the order of the direct object/indirect object in the following sentences:

Er gibt mir das Buch	
	dative pronoun / noun in the accusative
Er gibt es dem Mann	
	accusative pronoun / noun in the dative
Er gibt es mir	
	accusative pronoun / dative pronoun
Er gibt dem Mann das Buch	
	noun in the dative / noun in the accusative

8 Question Forms

1 Questions requiring a *ja/nein* answer

To form questions requiring a **ja/nein** answer, simply put the verb at the beginning of the sentence.

Example:

Spielst du Tennis?	*Do you play tennis ?*

2 Questions requiring more complex answers

To form questions requiring more information in the answer, use the following question words at the beginning of the sentence followed by the verb:

Wann?	*When?*
Warum?	*Why?*
Was?	*What?*
Was für?	*What kind of?*
Welche/r/s?	*Which?*
Wer?	*Who?*
Wie?	*How?*
Wie lange?	*How long?*
Wo?	*Where?*

Example:

Wann beginnt der Film?	*When does the film begin?*

9 Wann, wenn, als

These three words all mean *when* but are used in different ways.

Wann is a question word.
Example:

Wann gehst du zur Schule?	*When are you going to school?*

Wenn is not used in questions, only in statements, and means *when, whenever* and *if*.
Example:

Wenn es schön ist, fahre ich Rad.	*When (whenever) it's fine I go cycling.*

Als is the word used for *when* in sentences using the past tense.
Example:

Als ich nach Hause kam, war er krank.	*When I came home, he was ill.*

10 Expressing likes, dislikes and preferences

Examples:

Ich spiele **gern** Federball.	*I **like** playing badminton.*
Ich schwimme **nicht gern**.	*I **don't like** swimming.*
Ich esse **lieber** in einem Restaurant als zu Hause.	*I **prefer** eating in a restaurant to (eating at) home.*

11 Relative Pronouns

	Nominative	Accusative	Dative	Genitive
Masculine der	den	dem	dessen
Feminine die	die	der	deren
Neuter das	das	dem	dessen
Plural die	die	denen	deren

Examples:

Der Mann, **der** hier wohnt, kommt aus München.	*The man who lives here comes from Munich.*
Der Mann, **den** ich kenne, heißt Herr Müller.	*The man whom I know is called Herr Müller.*
Der Mann, **dem** ich das Paket gab, fährt morgen nach London.	*The man to whom I gave the package is going to London tomorrow.*
Der Mann, **dessen** Vater krank ist, arbeitet als Arzt.	*The man whose father is ill is working as a doctor.*
Der Mann, **dessen** Frau eine Brille trägt, hört schlecht.	*The man whose wife wears glasses is hard of hearing.*
Die Frau, **deren** Vater Kellner ist, heißt Frau Arnold.	*The woman whose father is a waiter is called Frau Arnold.*
Die Frau, **deren** Tochter ein Jahr alt wird, hat einen Kuchen gebacken.	*The woman whose daughter will be one year old has made a cake.*

Remember:
- The gender and number of the relative pronoun refers back to the subject in the main clause or sentence.
- The case of the relative pronoun is dependent on its role in the relative clause. Is it the subject, object, or is it in the dative or genitive case?

12 Use of ss and ß

ß is used:
- always before another consonant, eg **mußte**
- always at the end of a word, or at the end of a word within a compound, eg **Fuß, Fußball**
- after a long vowel, eg **Füße**
- after a diphthong, eg **außer**

ss is used:
- after short vowels, eg **Flüsse**
- when a word is written with capital letters, eg **FUSSBALL**

Remember:
- If in doubt, it is perfectly correct to use **ss** instead of **ß**.
- **ß** is also known as **scharfes S**, **es-tset** and **eszett**.

13 Expressions of time

Note these common expressions of time which should be learnt.

eines Tages	*one day*
eines Morgens	*one morning*
eines Nachmittags	*one afternoon*
eines Abends	*one evening*
morgens	*in the morning(s)*
vormittags	*in the morning(s)*
nachmittags	*in the afternoon(s)*
abends	*in the evening(s)*
nachts	*at night*
montags, dienstags, mittwochs	*every Monday, every Tuesday, every Wednesday ..... (on Mondays, on Tuesdays, on Wednesdays .....)*
am Montag, Dienstag, Mittwoch	*on Monday, on Tuesday, on Wednesday .....*
vor einer Woche	*a week ago*
vor drei Jahren	*three years ago*
Seit wann lernst du Deutsch?	*How long have you been learning German?*
Ich lerne Englisch seit zwei Jahren.	*I've been learning English for two years.*
Seit wann wohnst du hier?	*How long have you been living here?*
Ich wohne hier seit fünf Jahren.	*I've been living here for five years.*
Er war ein ganzes Wochenende bei uns.	*He was with us the whole weekend.*
Ich war den ganzen Abend dort.	*I was there all evening.*

Table of irregular verbs

This verb table shows the most common irregular verbs. Compound verbs are not shown. For example **biegen** is shown, but **abbiegen** is not. Past participles marked with * use **sein**. All the rest use **haben**.

INFINITIVE	IRREG. PRESENT	IMPERFECT	PERFECT	ENGLISH
beginnen	beginnt	begann	begonnen	*to begin*
beißen	beißt	biß	gebissen	*to bite*
biegen	biegt	bog	gebogen	*to bend*
bieten	bietet	bot	geboten	*to offer*
binden	bindet	band	gebunden	*to tie*
bitten	bittet	bat	gebeten	*to ask*
blasen	bläst	blies	geblasen	*to blow*
bleiben	bleibt	blieb	geblieben*	*to stay*
brechen	bricht	brach	gebrochen	*to break*
brennen	brennt	brannte	gebrannt	*to burn*
bringen	bringt	brachte	gebracht	*to bring*
denken	denkt	dachte	gedacht	*to think*
dürfen	darf	durfte	gedurft	*to be allowed to*
empfehlen	empfiehlt	empfahl	empfohlen	*to recommend*
essen	ißt	aß	gegessen	*to eat*
fahren	fährt	fuhr	gefahren*	*to go, travel*
fallen	fällt	fiel	gefallen*	*to fall*
fangen	fängt	fing	gefangen	*to catch*
finden	findet	fand	gefunden	*to find*
fliegen	fliegt	flog	geflogen*	*to fly*
fliehen	flieht	floh	geflohen*	*to flee*
fließen	fließt	floß	geflossen*	*to flow*
frieren	friert	fror	gefroren	*to freeze*
geben	gibt	gab	gegeben	*to give*
gehen	geht	ging	gegangen*	*to go*
gelingen	gelingt	gelang	gelungen*	*to succeed*
genießen	genießt	genoß	genossen	*to enjoy*
geschehen	geschieht	geschah	geschehen*	*to happen*
gewinnen	gewinnt	gewann	gewonnen	*to win*
graben	gräbt	grub	gegraben	*to dig*
greifen	greift	griff	gegriffen	*to grasp*
haben	hat	hatte	gehabt	*to have*
halten	hält	hielt	gehalten	*to stop*
hängen	hängt	hing	gehangen	*to hang*
heben	hebt	hob	gehoben	*to lift*
heißen	heißt	hieß	geheißen	*to be called*
helfen	hilft	half	geholfen	*to help*
kennen	kennt	kannte	gekannt	*to know*
kommen	kommt	kam	gekommen*	*to come*
können	kann	konnte	gekonnt	*to be able to*
laden	lädt	lud	geladen	*to load*
lassen	läßt	ließ	gelassen	*to allow*
laufen	läuft	lief	gelaufen*	*to run*
leiden	leidet	litt	gelitten	*to suffer*
leihen	leiht	lieh	geliehen	*to lend*
lesen	liest	las	gelesen	*to read*
liegen	liegt	lag	gelegen	*to lie*
lügen	lügt	log	gelogen	*to tell a lie*
meiden	meidet	mied	gemieden	*to avoid*
mißlingen	mißlingt	mißlang	mißlungen*	*to fail*
mögen	mag	mochte	gemocht	*to like*
müssen	muß	mußte	gemußt	*to have to*
nehmen	nimmt	nahm	genommen	*to take*
nennen	nennt	nannte	genannt	*to name*
raten	rät	riet	geraten	*to guess*
reiten	reitet	ritt	geritten*	*to ride*
reißen	reißt	riß	gerissen*	*to rip*
rennen	rennt	rannte	gerannt	*to race*
rufen	ruft	rief	gerufen	*to call*
saugen	saugt	sog	gesogen	*to suck*
scheiden	scheidet	schied	geschieden	*to separate*
scheinen	scheint	schien	geschienen, gescheint	*to shine*
schlafen	schläft	schlief	geschlafen	*to sleep*

INFINITIVE	IRREG. PRESENT	IMPERFECT	PERFECT	ENGLISH
schlagen	schlägt	schlug	geschlagen	*to hit*
schließen	schließt	schloß	geschlossen	*to shut*
schneiden	schneidet	schnitt	geschnitten	*to cut*
schreiben	schreibt	schrieb	geschrieben	*to write*
schreien	schreit	schrie	geschrien	*to cry out*
sehen	sieht	sah	gesehen	*to see*
sein	ist	war	gewesen*	*to be*
senden	sendet	sandte	gesandt	*to send*
sitzen	sitzt	saß	gesessen	*to sit*
sollen	soll	sollte	gesollt, sollen	*ought to*
sprechen	spricht	sprach	gesprochen	*to speak*
stehen	steht	stand	gestanden	*to stand*
stehlen	stiehlt	stahl	gestohlen	*to steal*
steigen	steigt	stieg	gestiegen*	*to climb*
sterben	stirbt	starb	gestorben*	*to die*
stoßen	stößt	stieß	gestoßen	*to push*
streichen	streicht	strich	gestrichen	*to stroke*
tragen	trägt	trug	getragen	*to carry*
treffen	trifft	traf	getroffen	*to meet*
treiben	treibt	trieb	getrieben	*to do, drive*
treten	tritt	trat	getreten*	*to step*
treten	tritt	trat	getreten	*to kick*
trinken	trinkt	trank	getrunken	*to drink*
tun	tut	tat	getan	*to do*
überwinden	überwindet	überwand	überwunden	*to overcome*
vergessen	vergißt	vergaß	vergessen	*to forget*
verlieren	verliert	verlor	verloren	*to lose*
verschwinden	verschwindet	verschwand	verschwunden*	*to disappear*
verzeihen	verzeiht	verzieh	verziehen	*to pardon*
wachsen	wächst	wuchs	gewachsen*	*to grow*
waschen	wäscht	wusch	gewaschen	*to wash*
weisen	weist	wies	gewiesen	*to show*
wenden	wendet	wandte	gewandt	*to turn*
werben	wirbt	warb	geworben	*to advertise*
werden	wird	wurde	geworden*	*to become*
werfen	wirft	warf	geworfen	*to throw*
wiegen	wiegt	wog	gewogen	*to weigh*
wissen	weiß	wußte	gewußt	*to know*
ziehen	zieht	zog	gezogen	*to pull*

Cassette transcript

1 Sport und Gesundheit

1 Welchen Sport beschreiben Miriam, Sven und Tim?

Mein Name ist Miriam. Mögt ihr Tiere? Dann mögt ihr auch meinen Sport, denn man braucht für diese Sportart ein großes Tier. Mädchen finden diesen Sport besonders gut.

Ich heiße Sven. Meinen Sport nennt man auch den „weißen Sport". Man braucht einen Schläger und einen kleinen Ball. Man spielt diesen Sport mit zwei oder mit vier Personen.

Ich bin der Tim. Bei meinem Sport benutzt man nur die Füße. Man spielt ihn mit zwei Mannschaften. Zu jeder Mannschaft gehören 11 Spieler. Man muß schnell sein und gut laufen können.

2 Wer bestellt was?

Ober: Guten Tag! Bitte sehr?
Markus: Ich möchte eine Bratwurst mit Kartoffelsalat.
Ober: Tut mir leid, Bratwurst haben wir nicht.
Markus: Hmm... haben Sie Hamburger?
Ober: Ja – mit oder ohne Käse?
Markus: Einen Hamburger ohne Käse, bitte. Und einmal Pommes frites, bitte.
Ober: Groß oder klein?
Markus: Groß, bitte.
Ober: Und was möchtest du trinken?
Markus: Eine Cola bitte.
Ober: Kommt sofort. Und du? Was möchtest du?
Susi: Also, ich möchte den Nudelauflauf. Ist da Fleisch drin?
Ober: Ja, der Nudelauflauf ist mit Schinken.
Susi: Nein, das mag ich nicht. Ich nehme dann die Gemüsepizza.
Ober: Einmal Gemüsepizza – gern.
Susi: Ach ja – und einen grünen Salat.
Ober: Kein Problem. Und zu trinken?
Susi: Einen Orangensaft – nein, ein Mineralwasser, bitte.
Ober: Ja. Euer Essen kommt sofort!

3 Schreib einen Steckbrief für Anne

Hallo, ich heiße Anne. Ich bin 16 und seit drei Jahren Vegetarierin. Meine Mutter war am Anfang dagegen. Sie sagte: „Du mußt doch Fleisch essen – Fleisch ist gesund!" Aber jetzt weiß auch sie: man kann auch ohne Fleisch leben! Ich esse viel frisches Gemüse und Obst – ich ernähre mich sehr gesund. Und ich mache auch sehr viel Sport – Sport ist super! Mein Lieblingssport ist Basketball. Ich trainiere dreimal in der Woche. Mein Vater ist seit einem Jahr auch Vegetarier. Manchmal kochen wir zusammen vegetarische Gerichte – ich koche nämlich sehr gerne. Am liebsten esse ich Nudeln mit Käse. Nur Eier mag ich nicht – obwohl sie vegetarisch sind. Leider sind nur einige meiner Freunde Vegetarier – das finde ich schade!

4 Vegetarier

Interviewer: Katja, seit wann bist du Vegetarierin?
Katja: Seit fünf Jahren. Damals war ich elf und habe im Fernsehen eine Sendung über Schweine gesehen. Das war furchtbar: Die armen Tiere leben die ganze Zeit in dunklen Käfigen. Sie können sich nicht bewegen. Und sie bekommen Drogen, damit sie ruhig bleiben. Zuerst quält man sie, und dann tötet man sie einfach – nur damit wir Fleisch essen können! Da war es für mich klar: Ich esse kein Fleisch mehr – ich werde Vegetarierin!
Interviewer: Ist vegetarisches Essen gesund?
Katja: Ja, es ist sehr gesund. Wer kein Fleisch ißt, hat zum Beispiel 80% weniger Herzkrankheiten.
Interviewer: Aber ist Essen ohne Fleisch nicht langweilig?
Katja: Nein, das finde ich nicht. Ich esse viel frisches Obst und Gemüse, Nudeln, Reis, und ich esse Käse und trinke viel Milch. Diese Sachen kosten nicht so viel wie Fleisch – vegetarisches Essen ist also auch billiger!
Interviewer: Was sagen deine Freunde dazu?
Katja: Die sind auch alle Vegetarier.
Interviewer: Warum ist es für euch so wichtig, Vegetarier zu sein?
Katja: Wir lieben Tiere – das ist für uns am wichtigsten. Wir wollen ihnen nicht wehtun. Und außerdem: Fleisch ist heute voll mit Chemie – das hat mit der Natur nichts mehr zu tun!

2 Schule

1 Hör den Beschreibungen zu

1 Wer auf diese Schule geht, kann später das Abitur machen.
2 Du lernst diese Sprache in der Schule. Das Rätselwort fängt mit *D* an. Der letzte Buchstabe ist *H*.
3 Eine Klasse wiederholen müssen.
4 Ein anderes Wort für Zensur.
5 Man schreibt die Stunden für jeden Schultag darauf.
6 Ein Schulfach: Hier lernt man alles über Zahlen.
7 Die freie Zeit in der Schule.
8 In diesem Fach lernt man alles über Computer.
9 Eine Gruppe von Schülern.

2 Richtig oder falsch?

Interviewer: Hallo, kann ich dich für das Schülerradio interviewen? Wir machen eine Sendung zum Thema „ein typischer Schultag".
Phillip: Ja, klar.
Interviewer: Wie heißt du?
Phillip: Ich heiße Phillip – Phillip Baumeister.
Interviewer: Phillip, was ist dein Lieblingsfach?
Phillip: Ich interessiere mich sehr für Zahlen – mein Lieblingsfach ist Mathe.
Interviewer: Wie oft hast du Mathemathik?
Phillip: Ich habe drei Stunden Mathe in der Woche.
Interviewer: Und in welche Klasse gehst du?
Phillip: Ich bin in der achten Klasse.
Interviewer: Welche Fächer magst du gar nicht?
Phillip: Ach, naja – Französisch mag ich überhaupt nicht.
Interviewer: Warum nicht?
Phillip: Die Lehrerin ist so streng. Und der Unterricht ist so langweilig!
Interviewer: Heute ist Montag – wie viele Stunden Unterricht hast du heute?

Phillip: Heute habe ich sechs Stunden.
Interviewer: Wann beginnt der Unterricht?
Phillip: Um Viertel vor neun.
Interviewer: Was machst du in den Pausen, Phillip?
Phillip: Also, in den Pausen spiele ich mit meinen Freunden Gameboy. Im Sommer spielen wir auch oft Basketball.
Interviewer: Und wann kommst du mittags von der Schule nach Hause?
Phillip: Meistens um zwei Uhr. Dann esse ich erstmal zu Mittag, und dann spiele ich Fußball.
Interviewer: Und wann machst du deine Hausaufgaben?
Phillip: Meine Hausaufgaben mache ich abends.
Interviewer: Phillip, macht dir die Schule Spaß?
Phillip: Ja schon, aber manchmal ist sie auch ganz schön stressig.
Interviewer: Was möchtest du später mal werden?
Phillip: Vielleicht Pilot – oder Lehrer.
Interviewer: Danke für das Interview, Phillip.

3 Schule in Deutschland und Schule in Großbritannien

Ich habe letztes Jahr meine Brieffreundin in England besucht – sie wohnt in Birmingham. Ich bin auch mit ihr zur Schule gegangen. Die Schule in England ist schon anders als bei uns! In Berlin fahre ich zum Beispiel mit dem Fahrrad zur Schule – wie alle meine Freundinnen. In England fahren die meisten Schüler mit dem Bus, oder die Eltern bringen sie mit dem Auto. Und dann die Schuluniformen – die finde ich schrecklich! So etwas gibt es bei uns nicht! Karen – das ist meine Brieffreundin – findet Uniformen aber ganz normal. Die englischen Schüler sind auch viel höflicher zu den Lehrern – das finde ich eigentlich ganz gut. Bei uns ist der Unterricht lockerer – es gibt weniger Disziplin. Also, die Schüler und Lehrer in Birmingham waren alle sehr nett zu mir. Jeden Mittag habe ich mit Karen und ihren Freundinnen in der Schulkantine gegessen. Ja, richtiges Mittagessen gibt es bei uns in der Schule nicht – wir essen unsere Pausenbrote. Schlimm fand ich aber, daß die Schule nach dem Mittagessen weitergeht – dann haben wir schulfrei! Die englischen Schüler haben bis um vier Uhr Unterricht – das ist zu lang, finde ich! Ob ich lieber in England zur Schule gehen möchte? Nein, ich glaube nicht!

3 Freizeit

1 Wer trägt was?

Ich heiße Susi. Ich trage ein kurzes rotes Kleid, schwarze Stiefel und ein weißes T-Shirt. Auf dem Kopf habe ich eine schwarz-rote Mütze. Ach ja, und ich habe auch eine schicke Sonnenbrille auf.

Mein Name ist Jens. Heute trage ich Jeans und einen roten Pullover. Ich habe auch eine Jacke – sie ist aus Leder. Und ich trage einen blauen Schal und weiße Trainingsschuhe.

Ich bin die Tanja. Also, ich trage einen langen schwarzen Rock und eine enge, kurze Bluse. Sie ist sehr bunt. Was trage ich noch? Schwarze Turnschuhe und schwarze Strumpfhosen. Und ich habe große, goldene Ohrringe.

2 Wohin gehen Susi und Thomas?

Susi: Hier Berger!
Thomas: Hallo Susi, hier ist Thomas!
Susi: Hallo Thomas!

Thomas: Du Susi, hast du Lust, am Sonnabend auszugehen?
Susi: Super Idee! Was machen wir?
Thomas: Wir können ins Kino gehen!
Susi: Ja, im Filmpalast gibt es einen Film mit Keanu Reeves.
Thomas: Nein, den mag ich nicht. Aber was ist mit Disco? Am Sonnabend ist Techno-Nacht im Odeon.
Susi: Nein, samstags kann ich nicht. Ich hab's – wir gehen Freitagabend in die Disco!
Thomas: Nein, tut mir leid. Freitag abend spiele ich Fußball.
Susi: Ach so...
Thomas: Ich habe eine Idee... wie wäre es mit essen gehen?
Susi: Ja, super!
Thomas: Also, der Italiener am Bahnhof ist toll.
Susi: Nein, da war ich erst letzte Woche mit meinen Eltern.
Thomas: Ich weiß: Wir gehen zum neuen türkischen Restaurant!
Susi: Ja, wo treffen wir uns?
Thomas: An der Bushaltestelle an der Kanterstraße. Um wieviel Uhr?
Susi: Um halb acht?
Thomas: Ja, um halb acht. Also, bis dann. Tschüß!
Susi: Tschüß!

3 Sind die Sätze richtig oder falsch?

Ich bin die Tanja. Meine Mutter gibt mir jeden Monat 100 Mark. Das ist nicht viel – ich muß davon alles selber bezahlen: Schulsachen, modische Klamotten... Ich kaufe mir auch jede Woche Pop- und Modezeitschriften. Manchmal gibt mir meine Oma etwas Geld. Meine Eltern sagen immer: „Andere Kinder sparen ihr Taschengeld!". Aber das kann ich nicht!

Ich heiße Johannes. Ich bekomme 60 Mark im Monat. Das ist genug, finde ich – ich komme damit gut aus. Ich habe keine teuren Hobbys. Ich kaufe mir zum Beispiel keine Jugendzeitschriften – das interessiert mich nicht. Für Kleidung interessiere ich mich auch nicht – die kauft immer meine Mutter. Manchmal gehe ich mit meinem Freund ins Kino – ich mag Action-Filme.

Andrea ist mein Name. Also, ich bekomme jeden Monat 80 Mark Taschengeld. Meine Mutter gibt mir auch Geld für meine Schulsachen und meine Buskarte. Was ich mit meinem Taschengeld mache? Manchmal gehe ich mit meinen Freundinnen in die Disco. Aber das ist teuer: Eine Cola kostet dort 4 Mark! Ich spare mein Taschengeld lieber – ich will mir nämlich einen Computer kaufen!

4 Computerspiele

Interviewer: Meike, wie findest du Computerspiele?
Meike: Computerspiele machen Spaß!
Interviewer: Wie oft spielst du Computerspiele?
Meike: Jeden Tag. In den Schulpausen spiele ich mit meinem Gameboy, und nachmittags spiele ich an meinem Computer zu Hause.
Interviewer: Warum machst du Computerspiele?
Meike: Also, man muß sich konzentrieren, und man muß logisch denken. Und außerdem: Mit Computerspielen hat man nie Langeweile! Das finde ich gut!
Interviewer: Sind alle Freunde und Freundinnen deiner Meinung?
Meike: Nein – mein Freund Thorsten findet Computerspiele nicht gut. Er sagt: „Du sitzt die ganze Zeit vor deinem Computer – das ist doch langweilig! Und für mich hast du dann nie Zeit!" Naja, manchmal hat er recht...
Interviewer: Wieso?
Meike: Computerspiele sind eben total spannend. Manchmal

kann ich einfach nicht aufhören – ich sitze dann stundenlang vor meinem Computer. Danach tun mir natürlich die Augen weh. Meine beste Freundin Silke findet Computerspiele nicht gut: „Die machen dumm", sagt sie. Aber das stimmt nicht. Klar, einige Computerfans haben keine anderen Interessen. Sie spielen den ganzen Tag Computerspiele. Sie haben keine Freunde und sitzen allein vor ihrem Computer. Das ist natürlich nicht gut. Aber ich lese auch viel, und ich schaue gern fern!

4 Medien

1 Wie ist das Wetter?

Hier ist das Wetter für Montag. Im Norden ist es sonnig und heiß. Temperaturen um 25 Grad. Im Osten gibt es vereinzelt Gewitter. Temperatur 20 Grad. Im Süden regnet es. Es ist sehr schwül. Die Temperatur beträgt 27 Grad. Im Westen ist es neblig. Temperatur 15 Grad.

2 Mach Notizen

Interviewer: Wir sind beim neuen deutschen Fernsehsender VIVA. VIVA ist ein Musiksender für Jugendliche in Deutschland. Hallo, wie heißt du?
Mascha: Ich heiße Mascha Kramer.
Interviewer: Arbeitest du bei VIVA?
Mascha: Ja, ich bin Moderatorin bei VIVA.
Interviewer: Mascha, wie alt bist du?
Mascha: Ich bin 21 Jahre alt.
Interviewer: Und woher kommst du?
Mascha: Ich komme aus Rostock. Das ist in Ostdeutschland.
Interviewer: Wie lange bist du schon bei VIVA?
Mascha: Seit Anfang 1994 – also seit drei Jahren.
Interviewer: Wie heißt deine Sendung?
Mascha: Ich mache den Rock-Report. Den Rock-Report gibt es jeden Tag von 18 bis 20 Uhr.
Interviewer: Mascha, was hast du davor gemacht?
Mascha: Ich war Studentin – ich habe Englisch und Musik studiert.
Interviewer: Und was sind deine Hobbys?
Mascha: Musik natürlich! Ich spiele in einer Band. Und ich lese gern – am liebsten Science-Fiction-Romane.

3 Richtig oder falsch?

Interviewer: Petra, wie alt bist du?
Petra: Ich bin 16 Jahre alt.
Interviewer: Und wo wohnst du?
Petra: Ich wohne in Passau. Das ist in Bayern – in Süddeutschland.
Interviewer: Sag mal, Petra, interessierst du dich für Fernsehen?
Petra: Ja, schon. Ich schaue ziemlich oft Fernsehen.
Interviewer: Welche Sendungen siehst du denn am liebsten?
Petra: Also, am liebsten sehe ich amerikanische Unterhaltungsserien. Die sind immer interessant und spannend. Dabei kann ich mich gut ausruhen. Das ist Unterhaltung – mehr nicht.
Interviewer: Und welche Sendungen siehst du gar nicht gern?
Petra: Politische Sendungen und Nachrichten finde ich total langweilig. Dafür interessiere ich mich nicht.
Interviewer: Hast du auch Kabelfernsehen?
Petra: Nein, leider nicht. Kabelfernsehen finde ich toll – vor allem die Musiksender.
Interviewer: Liest du auch Zeitungen?
Petra: Tageszeitungen lese ich nicht. Aber ich lese natürlich Jugendzeitschriften. Da steht alles über Popstars und über Jugendprobleme drin. Diese Themen interessieren mich!

4 Welcher Satz paßt am besten?

Hallo, ich bin Campino, der Sänger der Toten Hosen. Die Toten Hosen – das ist eine Punkband aus Deutschland. Wir machen Punkmusik mit deutschen Texten. Aber viele deutsche Jugendliche hören am liebsten Musik aus England und den USA. Sie sagen: „Popmusik mit deutschen Texten? Nein danke – das ist total blöd!" Ich bin anderer Meinung. Also, die Toten Hosen wollen einfach nur gute Unterhaltungsmusik machen. Spaß ist für uns am wichtigsten. Der Erfolg im Ausland interessiert uns nicht. Unsere Fans kommen aus Deutschland, Österreich und der Schweiz – die sind für uns wichtig. Wir singen auf deutsch, weil wir aus Deutschland kommen. Natürlich träumen wir davon, reich und berühmt zu sein – aber in Deutschland und nicht in Amerika. Für uns ist am wichtigsten: Wir machen witzige deutsche Popmusik mit lustigen deutschen Texten. Das finden unsere Fans gut – und wir auch!

5 Jugend

1 Welche Zeichnung ist richtig?

Ich heiße Martin. Ich habe ein Problem: meine Eltern sind sehr streng. Ich muß abends schon um 10 Uhr zu Hause sein. An den Wochenenden darf ich nur bis halb elf wegbleiben. Meine Freunde müssen aber erst um halb zwölf zu Hause sein!

Ich bin die Ina. Meine Eltern schimpfen mit mir, wenn ich schlechte Noten habe. Das finde ich unfair. In einigen Fächern bin ich eben nicht so gut. Doch meine Eltern sagen nur: „Du bist zu faul – mußt mehr lernen!"

Mein Name ist Olaf. Mein Problem ist mein Zimmer. Ich mag Unordnung, aber meine Mutter nicht! Sie sagt immer: „Räum sofort dein Zimmer auf – sonst darfst du am Wochenende nicht in die Disco!" Das ist ungerecht – es ist doch mein Zimmer!

2 Schau auf Martins Terminkalender

Hallo Martin, hier ist Ollie. Hast du Lust, am Freitag mit mir zum Techno-Rave ins Odeon zu gehen? Susi und Tom kommen auch mit. Wir treffen uns um 20 Uhr am Marktplatz. Bitte melde dich!

Hi Martin, ich bin's – Nina. Ich gehe am Dienstag abend ins Kino – im Scala läuft der neue Otto-Film. Komm doch mit! Die Vorstellung beginnt um 19 Uhr. Wir können uns ja vorher im Eiscafé treffen. Tschüs!

Martin, hallo! Daniel hier. Du, am Samstag ist eine tolle Party bei der Silke aus der 9A. Kommst du mit? Es wird bestimmt toll – Julia, Mareike und Andi kommen auch! Wir treffen uns alle um halb neun im Jugendzentrum – ruf mich doch bitte an!

Martin, hier ist Ina. Wir machen am Sonntag eine Radtour an den Emmasee – mit Picknick. Hast du Lust, mitzukommen? Wir treffen uns um zehn Uhr morgens am Schloßbad. Vergiß nicht deine Badehose! Also, melde dich bei mir!

3 Sarahs Besuch

Hallo, ich heiße Sarah. Ich komme aus England. Ich besuche gerade meine Brieffreundin Anja in Berlin. Also, es gefällt mir sehr gut in Deutschland. Alle Leute sind sehr nett zu mir –

besonders meine Austauschfamilie. Mein Deutsch ist noch nicht so gut, aber alle helfen mir sehr. Mit Anja verstehe ich mich auch super. Ich teile ein Zimmer mit ihr – wir haben immer viel Spaß. Ich gehe auch mit Anja zur Schule. Anja ist in der 8. Klasse. Sie geht auf das Gymnasium. Schule in Deutschland finde ich gut. Am meisten Spaß macht Deutsch und Biologie. Was machen wir nachmittags? Dann fahren wir mit dem Fahrrad in die Stadt. Dort treffen wir uns mit Anjas Freundinnen – sie sind total nett. Abends sehen wir fern und spielen Karten. Das ist immer lustig. Das Essen in Deutschland schmeckt auch lecker – am liebsten mag ich Bratwurst mit Kartoffelsalat.

4 Warum hat sich Meike von ihrem Freund getrennt?

Interviewer: Hallo Meike!
Meike: Hallo.
Interviewer: Meike, wie alt bist du?
Meike: Ich bin 17 Jahre alt.
Interviewer: Hast du einen festen Freund?
Meike: Nein, ich habe mich vor drei Monaten von meinem Freund getrennt.
Interviewer: Wie lange wart ihr zusammen?
Meike: Ein Jahr.
Interviewer: Warum hast du denn mit deinem Freund Schluß gemacht?
Meike: Ach, wir hatten ganz andere Hobbys und Interessen. Ich gehe am Wochenende zum Beispiel gerne aus – in die Disco. Aber Rainer – das ist mein Ex-Freund – hatte dazu nie Lust. Er saß dann am liebsten vor dem Fernseher.
Interviewer: Und das war ein Problem?
Meike: Ja, aber nicht nur das. Rainer interessierte sich auch sehr für Sport – zu sehr, fand ich. Jeden Nachmittag war er im Tennisverein. Wir konnten uns nur abends treffen.
Interviewer: Gab es noch andere Probleme?
Meike: Ja. Rainer wollte auch nie, daß ich mit meinen Freundinnen weggehe. „Du hast doch jetzt mich“, hat er immer gesagt. Aber er war doch meistens beim Tennis! Ich bin eben gerne mit meinen Freundinnen zusammen. Ich habe auch noch ein anderes Hobby: Musik. Ich singe in einer Band. Aber das fand Rainer auch nicht gut – für meine Musik hat er sich gar nicht interessiert.
Interviewer: Meike, möchtest du wieder einen Freund haben?
Meike: Nein, im Moment nicht! Ich bin gern allein – jetzt hab' ich wieder Zeit für meine Freundinnen und für meine Interessen. Das finde ich wichtig!

6 Wohnsiedlung

1 Das passende Zimmer

Ich heiße Michael. Mein Zimmer ist sehr ordentlich. Meine Kleidung ist im Kleiderschrank. Auf dem Bücherregal stehen alle meine Bücher. Ja, und meine Hausaufgaben mache ich an meinem Schreibtisch.

Ich bin die Susi. Mein Zimmer ist sehr klein. Es ist sehr gemütlich: ich habe ein Bett, ein Sofa, einen Stuhl und einen Schrank. An den Wänden habe ich viele Poster. Ich habe auch einen kleinen Fernseher.

Mein Name ist Markus. In meinem Zimmer habe ich ein Bett, einen Schreibtisch, einen Stuhl und einen Schrank. Meine Möbel sind alle schwarz. Das gefällt mir. Ach ja, ich habe auch eine Stereoanlage.

2 Monika und Daniel beschreiben ihre Haustiere

Ich habe einen kleinen Hund. Er heißt Toni. Toni ist sehr süß! Er beißt nicht und er mag Kinder. Toni ist zwei Jahre alt. Er hat ein schönes braunes Fell. Toni ist sehr klein und sehr rund – er ist viel zu dick! Am liebsten mag er Schokolade und Bananen. Er ist auch sehr faul – spazierengehen mag er gar nicht! Ich muß ihn dann immer tragen. Also, was mag er noch? Wenn ich sein lockiges Fell bürste!

Also, unser Haustier heißt Maja. Maja ist eine Katze. Wir haben sie aus dem Tierheim geholt. Maja ist sehr schön: Sie war die schönste Katze im Tierheim! Sie hat ein weißes, langes Fell und blaue Augen. Maja ist schon zehn Jahre alt. Aber sie ist immer noch sehr verspielt: am liebsten spielt sie mit unseren Schuhen! Maja ist auch gerne draußen: Im Sommer ist sie den ganzen Tag im Garten. Dann wird ihr schönes weißes Fell schmutzig, und ich muß sie baden.

3 Sind die Sätze richtig oder falsch?

Mein Name ist Sven. Hausarbeit macht Spaß, finde ich! Ich helfe meiner Mutter jeden Tag: ich bringe den Müll nach draußen, ich räume mein Zimmer auf und ich wasche am Wochenende ab. Nur Kochen macht mir keinen Spaß – das machen meine Eltern! Was ich sonst noch im Haushalt mache? Ich muß jeden Tag staubsaugen – und ich muß einmal im Monat mein Zimmer saubermachen.

Ich heiße Lisa. Ich brauche im Haushalt nicht viel zu helfen – Gottseidank! Ich finde Hausarbeit langweilig. Am schlimmsten finde ich Abwaschen: das macht immer mein Bruder. Meine Mutter will, daß ich ihr bei der Hausarbeit helfe. Also räume ich mein Zimmer auf, decke den Mittagstisch und ich gehe manchmal einkaufen. Das ist genug, finde ich!

Ich heiße Karin. Hausarbeit muß sein – das ist klar. Ich finde das auch nicht so schlimm – ich bin nämlich sehr ordentlich. Was ich zu Hause mache? Also, ich gehe zweimal in der Woche einkaufen – zum Supermarkt. Meine Geschwister und ich haben uns die Hausarbeit geteilt: Meine Schwester staubsaugt jeden Tag, mein Bruder macht jede Woche das Bad sauber und ich gehe zum Einkaufen.

4 Was gibt es in Dörtes Zimmer?

Interviewer: Hallo, Dörte!
Dörte: Hallo! Willkommen in meinem Zimmer!
Interviewer: Dein Zimmer ist aber groß!
Dörte: Ja, das finde ich super. Ich brauche viel Platz!
Interviewer: Warum?
Dörte: Also, ich sammle Puppen. Ich habe über 100 Puppen aus der ganzen Welt! Meine Lieblingspuppen sitzen auf meinem Bett. Mein Vater hat auch vier Regale für mich gebaut – für den Rest meiner Sammlung.
Interviewer: Bist du gern in deinem Zimmer?
Dörte: Ja, mein Zimmer ist sehr gemütlich. Vor dem Fenster steht ein altes Sofa. Ich habe es von meiner Oma. Dort sitze ich nachmittags immer und höre Musik, oder ich lese.
Interviewer: Und wo machst du deine Schularbeiten?
Dörte: An meinem Schreibtisch. Mein Schreibtisch ist sehr groß – dort steht auch mein Computer.
Interviewer: Was gefällt dir am besten in deinem Zimmer?
Dörte: Mein Fernseher. Den habe ich von meinen Eltern zum Geburtstag bekommen. Jetzt kann ich immer meine Lieblingsprogramme sehen!
Interviewer: Hast du auch eine Stereoanlage?

Dörte: Ja, ich habe einen CD-Spieler. Einen Plattenspieler habe ich nicht – ich habe nur CDs.

Interviewer: Und was gefällt dir nicht an deinem Zimmer?

Dörte: Daß es so unordentlich ist! Ich bin sehr faul und räume selten auf. Ich habe zum Beispiel einen großen Kleiderschrank – aber ich finde trotzdem nie meine Klamotten!

Interviewer: Was gibt es noch in deinem Zimmer?

Dörte: Also, natürlich einen Stuhl, ein Regal für meine Bücher, Pflanzen – und viele Poster an den Wänden!

7 Meine Stadt

1 Tina und Florian beschreiben ihre Stadt

Tina: Meine Stadt ist sehr alt und sehr gemütlich. Sie ist sehr klein, aber auch sehr schön. Bei uns ist es sehr ruhig – wir haben viel Natur, und die Luft ist sehr gut. Moderne Häuser gibt es bei uns nicht. Für Jugendliche gibt es hier aber nicht viel zu tun – leider. Manchmal ist es hier etwas langweilig – aber ich wohne gerne hier.

Florian: Ich wohne in einer Großstadt. In meiner Stadt gibt es alles: einen Hafen, viele Sehenswürdigkeiten und auch sehr viele Geschäfte. Hier ist immer etwas los – das finde ich gut. Die öffentlichen Verkehrsmittel sind auch sehr gut: Es gibt Züge, Busse und Straßenbahnen. Aber es gibt auch viel Lärm und Verkehr – man hat nie Ruhe.

2 Wie heißt Susis Straße?

Susi: Schmidt.

Monika: Hallo Susi! Du, ich bin schon da – mein Zug ist vor zehn Minuten am Hauptbahnhof angekommen.

Susi: Hallo Monika! Das ist ja super! Wie war die Zugfahrt?

Monika: Etwas langweilig. Du Susi, ich rufe vom neuen Pferdemarkt aus an. Wie komme ich denn zu dir?

Susi: Also... vom Pferdemarkt... du gehst geradeaus und dann die erste Straße links. Dann gehst du die zweite Straße rechts – an der Post vorbei.

Monika: Zweite Straße rechts – und an der Post vorbei..

Susi: Ja. Dann mußt du die erste Straße links nehmen und dann die erste Straße rechts.

Monika: ... links – und dann rechts ... ist gut.

Susi: OK. Dann kommst du an eine Kreuzung. An der Kreuzung gehst du links. Am Ende dieser Straße ist dann rechts unsere Straße. Wir wohnen Nummer 15.

Monika: Und – wie lange muß ich gehen?

Susi: Ach, es ist nicht weit – 10 bis 15 Minuten.

Monika: Kein Problem – tschüs Susi, bis später!

Susi: Ja, bis später. Tschüs!

3 Im Text sind fünf Fehler

Anke: Hallo Sina! Sina, warte mal!

Sina: Hallo Anke! Was ist denn?

Anke: Du, ich mache gerade ein Projekt für Unsere Umwelt-AG. Wir wollen wissen: wie kommen die meisten Schüler zur Schule? Kann ich dir ein paar Fragen stellen?

Sina: Ja, natürlich.

Anke: Sina, wo wohnst du?

Sina: Ich wohne in Berlin.

Anke: Und in welcher Klasse bist du?

Sina: Ich bin in der 8. Klasse.

Anke: Sina, wie kommst du zur Schule?

Sina: Also, früher bin ich mit dem Bus zur Schule gefahren. Vor einem Jahr sind wir aber umgezogen – und jetzt fahre ich mit der U-Bahn.

Anke: Wie lange dauert die Fahrt?

Sina: Ich gehe morgens um zehn vor acht aus dem Haus. Die U-Bahnstation ist direkt an unserer Straße. Um 8 Uhr 35 steige ich dann an der Station Wannsee aus. Dort ist meine Schule. Die Fahrt dauert also 45 Minuten.

Anke: Mußt du auch umsteigen?

Sina: Ja, leider – ich muß zweimal umsteigen.

Anke: Fährst du gern mit der U-Bahn?

Sina: Hmm, nein. Die Fahrt ist langweilig. Am liebsten fahre ich Rad – aber das dauert zu lange.

Anke: Hast du ein Rad?

Sina: Ja, ich habe ein blaues Mountainbike. An den Wochenenden mache ich oft mit meinen Freundinnen eine Radtour. Radfahren ist gesund!

Anke: Und wie findest du Autos?

Sina: Die finde ich schrecklich: Sie verschmutzen die Umwelt! Nein, ich fahre lieber Rad.

Anke: Danke für deine Hilfe, Sina.

4 Was gibt es in Franks Stadt?

Ich wohne in Leipzig – das ist in Ostdeutschland. In Leipzig gibt es viele Sehenswürdigkeiten: die Thomaskirche, die Messe, die Oper, das Gewandhaus... jedes Jahr kommen Tausende von Touristen in unsere Stadt! Ein Teil von Leipzig ist sehr alt – aber es gibt auch moderne Viertel mit Hochhaussiedlungen. Leipzig ist eine schöne Stadt, finde ich! Es gibt einige schöne Parks. Interessant ist auch der Zoologische Garten im Norden . Für Jugendliche gibt es auch einiges zu tun: es gibt Jugendzentren und Sportclubs. Ich spiele zum Beispiel beim FC Tröndlinring Fußball. Ach ja, und dann haben wir natürlich auch Kinos, Discos und Musikclubs. Das Leben in so einer Großstadt hat allerdings auch Nachteile: es gibt sehr viel Verkehr und Umweltverschmutzung. Die öffentlichen Verkehrsmittel sind auch nicht sehr gut – manchmal muß man eine halbe Stunde auf einen Bus warten. Und es gibt auch immer mehr Kriminalität – das macht mir Angst. Aber trotzdem: ich wohne gerne in Leipzig!

8 Arbeitspraktikum

1 Sind die Sätze richtig oder falsch?

Herr Berger: Guten Tag, Personalabteilung, Berger.

Sabina: Guten Tag, Herr Berger. Mein Name ist Sabine Runge. Ich möchte gern ein Praktikum in Ihrem Betrieb machen.

Herr Berger: Ja, Fräulein Runge, wo möchten Sie denn Ihr Praktikum machen?

Sabina: Am liebsten in einem Büro.

Herr Berger: Ja, das ist kein Problem. Und wann möchten Sie Ihr Praktikum machen?

Sabina: Meine Sommerferien sind vom 23. Juni bis zum 7. August.

Herr Berger: Gut, dann können Sie Ihr Praktikum vom 1. bis zum 30.7. machen.

Sabina: Oh, danke! Und – wann fange ich morgens an?

Herr Berger: Die Arbeit beginnt um neun Uhr. Wir sind ein sehr kleiner Betrieb – nur 25 Leute.

Sabina: Was soll ich machen, Herr Berger?

Herr Berger: Können Sie Briefe tippen?

Sabina: Nein, leider nicht. Aber ich mag Computer.

Herr Berger: Gut. Dann können Sie der Sekretärin des Chefs helfen. Sie können am Computer arbeiten.

Sabina: Und wie lange muß ich jeden Tag arbeiten?
Herr Berger: Bis um 17 Uhr.
Sabina: Gut, danke. Noch eine Frage: Habe ich samstags frei?
Herr Berger: Ja, natürlich! Gut, Fräulein Runge, können Sie dann nächste Woche zu einem Vorstellungsgespräch kommen? Am Dienstag – um 15 Uhr?
Sabina: Ja, natürlich, gerne. Vielen Dank, Herr Berger – auf Wiedersehen!
Herr Berger: Auf Wiedersehen!

2 Silke und Thomas beschreiben ihr Arbeitspraktikum

Ich habe drei Wochen lang im Fremdenverkehrsbüro gearbeitet. Die Arbeit war sehr interessant. Ich hatte verschiedene Aufgaben: Ich mußte zum Beispiel viel telefonieren, Hotelzimmer für Touristen reservieren, Fahrkarten bestellen und Stadtrundfahrten organisieren. Die Kollegen waren sehr nett und haben mir sehr geholfen. Toll fand ich, daß ich selbständig arbeiten konnte. Die Arbeit war aber auch ganz schön anstrengend. Vor allem am Wochenende war immer viel los. Da war es manchmal schwierig, immer höflich zu bleiben! Die Arbeit hat mir aber trotzdem gut gefallen. Besonders schön fand ich den Kontakt mit Menschen aus anderen Ländern.

Mein Arbeitspraktikum war in einem Büro. Ich habe für den Chef des Betriebs gearbeitet. Ich mußte Briefe tippen, Akten ablegen, Dokumente ordnen und mit dem Computer arbeiten. Manchmal konnte ich ein bißchen Englisch und Französisch sprechen – mit Kunden am Telefon. Ich mußte auch immer Kaffee kochen und Kuchen holen. Die Arbeit war nicht besonders interessant – eigentlich ziemlich langweilig. Ich mußte jeden Tag das Gleiche machen. Der Chef war sehr nett, aber hatte immer viel zu tun. Und ich hatte kaum Kontakt mit ihm. Die anderen Kollegen hatten auch selten Zeit für mich. Ich fühlte mich ziemlich allein. Toll fand ich die Arbeit mit dem Computer – ich habe ein neues Computersystem kennengelernt. Die Arbeit mit den Kunden war auch interessant. Und zuviel zu tun hatte ich auch nicht – Streß hatte ich nie!

3 Was ist das ideale Arbeitspraktikum für Oliver?

Interviewer: Hallo Oliver, setze dich doch.
Oliver: Danke.
Interviewer: So, du möchtest also in den Sommerferien ein Arbeitspraktikum machen?
Oliver: Ja.
Interviewer: Ja, was sind denn deine Lieblingsfächer?
Oliver: Biologie und Geographie.
Interviewer: Und welche Fächer magst du gar nicht gern?
Oliver: Englisch und Französisch – für Sprachen interessiere ich mich nicht.
Interviewer: Aha. Erzähl mal, Oliver, was für Interessen hast du?
Oliver: Also, ich interessiere mich sehr für die Natur. Ich bin auch in einer Naturschutzgruppe. Am Wochenende beobachten wir Vögel. Wir tun auch viel für den Umweltschutz – wir pflanzen Bäume, wir demonstrieren gegen Umweltverschmutzung und so.
Interviewer: Ja, wo würdest du denn gerne ein Praktikum machen?
Oliver: Ich weiß nicht. Aber ich möchte auf keinen Fall den ganzen Tag im Büro sitzen. Das finde ich langweilig!
Interviewer: Und wie ist es mit anderen Menschen? Ist der Kontakt mit Leuten – mit Kunden zum Beispiel – wichtig für dich?

Oliver: Nein, eigentlich nicht. Ich kann auch gut allein arbeiten, glaube ich.
Interviewer: Aha. Oliver, beschreib dich mal. Was für ein Mensch bist du?
Oliver: Also... ich... ich bin fleißig und sehr diszipliniert. Ich kann schwer arbeiten – das macht mir nichts aus. Ich bin auch sehr praktisch. Leider bin ich manchmal etwas launisch und ungeduldig.
Interviewer: Und was möchtest du später werden?
Oliver: Das weiß ich noch nicht. Aber ich möchte gern studieren – Biologie oder Tiermedizin.
Interviewer: Vielen Dank, Oliver. Wir finden sicher ein passendes Arbeitspraktikum für dich!

9 Berufsbewerbung

1 Welchen Beruf beschreiben Silke und Oliver?

Silke: Für diesen Beruf muß man lange studieren. Man hilft anderen Menschen. Man darf keine Angst vor Krankheiten und Verletzungen haben. Viele Leute mit diesem Beruf arbeiten in einem Krankenhaus.

Oliver: Dieser Beruf kann gefährlich sein – man darf keine Angst haben. Man trägt eine grüne Uniform und eine Mütze. Man kämpft gegen Kriminalität. Der Kontakt mit anderen Menschen ist sehr wichtig.

2 Welches Foto paßt?

Ich heiße Martin. Für mich ist ein guter Job am wichtigsten. Am liebsten möchte ich später mit Computern arbeiten – damit kann man sehr viel Geld verdienen. Ich möchte ein schnelles Auto und eine schöne Wohnung haben. Ja, ich möchte auf jeden Fall Karriere machen. Das heißt natürlich: jeden Tag lange arbeiten, vielleicht auch an den Wochenenden. Heiraten und Kinder haben – nein, das ist nichts für mich.

Mein Name ist Sandra. Ein Beruf ist wichtig – keine Frage. Ich möchte später studieren und Lehrerin werden – das ist mein Traumberuf. Ich liebe Kinder. Also, am wichtigsten ist für mich eine eigene Familie: ich möchte später auf jeden Fall einen netten Mann und zwei Kinder haben – das stelle ich mir toll vor. Karriere ist nicht so wichtig für mich.

Ich bin der Sven. Ich lebe nicht gern in der Stadt – hier ist es so schmutzig und so laut. Ich möchte später auf dem Land wohnen – in einem großen Bauernhof mit vielen Freunden zusammen. Wir brauchen nicht viel zum Leben – Luxus interessiert uns nicht. Wir essen unser eigenes Obst und Gemüse, und wir haben auch einige Kühe und Hühner. Sie geben uns Milch und Eier. So ein Leben finde ich toll!

3 Welche Sätze sind richtig?

Bremen, den 18. Februar. Hallo Kirsten, diesmal schicke ich dir einen Brief auf Kassette. Wie geht es dir? Hast du auch Streß mit all den Abiturprüfungen? Sag mal, weißt du schon, was du nach dem Abitur machst? Ich möchte gern studieren – am liebsten Medizin. Die anderen in meiner Klasse wissen noch nicht, was sie nach dem Abitur machen sollen. Ja, das ist nicht einfach! Aber ich weiß: ich will später einen guten Job haben und viel Geld verdienen. Das ist für mich am wichtigsten. Darum möchte ich studieren. Hoffentlich bekomme ich einen Studienplatz! Viele

Studenten müssen lange darauf warten. Früher bekam man sofort einen Studienplatz – heute ist das anders. Meine beste Freundin Sandra will eine Lehre als Hotelmanagerin machen. Sie hat schon zehn Bewerbungsbriefe geschrieben. Eine Lehre ist aber nichts für mich – ich warte lieber auf einen Studienplatz. Wünsch mir Glück! Viele liebe Grüße deine Meike

4 Ein Vorstellungsgespräch mit Herrn Meier

Herr Meier: Guten Tag, Fräulein Lischke, setzen Sie sich bitte.
Frl. Lischke: Guten Tag, Herr Meier. Danke.
Herr Meier: So... Sie heißen Monika Lischke und Sie machen im April Abitur?
Frl. Lischke: Ja, das stimmt.
Herr Meier: Und Sie gehen auf das Geschwister-Scholl-Gymnasium?
Frl. Lischke: Ja, ich bin in der 12. Klasse.
Herr Meier: Und Sie möchten bei uns also eine Lehre als Sekretärin machen.
Frl. Lischke: Ja, sehr gern.
Herr Meier: Was für Hobbys haben Sie denn, Fräulein Lischke?
Frl. Lischke: Ich interessiere mich sehr für Computer. Ich habe einen eigenen Computer zu Hause. Ich lese auch sehr viel. Für Sport interessiere ich mich auch – am liebsten spiele ich Tennis.
Herr Meier: Soso... und haben Sie auch Fremdsprachen?
Frl. Lischke: Ja, ich spreche Englisch, Französisch und Spanisch.
Herr Meier: Das ist ja sehr interereessant. Wie sind denn Ihre Noten in Englisch und Französisch?
Frl. Lischke: Im letzten Zeugnis hatte ich eine Eins in Englisch und eine Zwei in Französisch.
Herr Meier: Und ich sehe, Sie haben schon im letzten Sommer ein Praktikum bei uns gemacht?
Frl. Lischke: Ja, ich habe vier Wochen lang im Verkauf gearbeitet. Die Arbeit hat mir sehr gut gefallen – ich habe dort viel gelernt.
Herr Meier: Was interessiert Sie besonders an der Lehre?
Frl. Lischke: Ich hoffe vor allem, daß ich viel mit Computern arbeiten kann.
Herr Meier: Ja, also vielen Dank, Fräulein Lischke. Haben Sie noch Fragen?
Frl. Lischke: Ja, bitte: wie ist die Arbeitszeit?
Herr Meier: Wir fangen morgens um acht Uhr dreißig an und hören um sechzehn Uhr dreißig auf.
Frl. Lischke: Danke, Herr Meier, das ist alles.

10 Inselträume

1 Wohin fahren Susanne, Kai und Oliver in Urlaub?

Mein Name ist Susanne. Ich fahre in den Weihnachtsferien in Urlaub. Sonne und heiße Länder sind nichts für mich – ich mag Schnee und Kälte. Im Urlaub will ich nicht faulenzen – ich will aktiv sein.

Ich bin der Kai. Ich liebe die englische Sprache. Darum mache ich im Sommer einen Sprachkurs in England. Ich wohne zwei Wochen bei einer Gastfamilie und lerne jeden Tag englisch.

Mein Name ist Oliver. Ich liebe Sonne, Sand und das Meer! Fremde Länder finde ich toll. Ich mache dieses Jahr Urlaub in Europa – im letzten Sommer war ich in Amerika. Ich will mich im Urlaub entspannen.

2 Ina sucht Unterkunft

Frau: Guten Tag, Jugendherberge Berggrund!
Ina: Guten Tag, hier Ina Bayer. Ich plane gerade einen Wanderurlaub in Südbayern und möchte in der Woche vom 8. bis zum 15. Januar auch einmal in Ihrer Jugendherberge übernachten. Haben Sie in der Woche ein Zimmer frei?
Frau: Gern – ich schaue nach. Also – am Montag, den 8. Januar sind wir leider belegt.
Ina: Moment bitte – ich hole etwas zum Schreiben... Also – am Montag geht es nicht?
Frau: Nein – da sind wir belegt. Am Dienstag... ja – da habe ich noch ein Zimmer frei.
Ina: Am Dienstag – ein Zimmer frei.
Frau: Ja – und am Mittwoch...nein, tut mir leid – da ist kein Zimmer mehr frei.
Ina: Also... am Mittwoch ist kein Zimmer frei.
Frau: Jetzt Donnerstag – ich schau mal... ja, am Donnerstag ist noch alles frei.
Ina: Und was ist mit Freitag?
Frau: Freitag – Moment mal... nein, da sind wir wieder belegt.
Ina: OK, am Freitag also nicht.
Frau: Nein. Aber Samstag – ja, da habe ich noch ein Zimmer. Ja, Samstag geht.
Ina: Samstag – da ist ein Zimmer frei.
Frau: Ja.
Ina: Und am Sonntag?
Frau: Tut mir leid, am Sonntag ist die Jugendherberge geschlossen.
Ina: Vielen Dank. Ich überlege es mir und rufe Sie dann wieder an!
Frau: Ja, gerne. Auf Wiederhören!
Ina: Auf Wiederhören!

3 Kreuz die richtigen Antworten an

Interviewer: Lars, verreist du in den Sommerferien?
Lars: Ja, dieses Jahr fahre ich wieder in den Süden – nach Griechenland. Letztes Jahr war ich in Spanien.
Interviewer: Wo warst du in Spanien?
Lars: An der Costa del Sol – das Wetter war super. Ich hoffe, daß es in Griechenland genauso heiß ist!
Interviewer: Wie fährst du dorthin?
Lars: Ich fliege von Berlin nach Athen. Das ist am billigsten.
Interviewer: Und wie lange fährst du in Urlaub?
Lars: Leider nur für 14 Tage.
Interviewer: Lars, was willst du im Urlaub machen?
Lars: Also, ich will mich vom Schulstreß erholen! Ich will am Strand liegen, mich sonnen und schwimmen. Aber vor allem will ich nichts tun! Viele meiner Freunde machen Aktivurlaub, aber das ist nichts für mich. Ich will mich im Urlaub ausruhen!
Interviewer: Verreist du mit deinen Eltern?
Lars: Ja, dieses Jahr fahr ich mit meinen Eltern in Urlaub. Letztes Jahr bin ich mit meinem besten Freund verreist.
Interviewer: Hast du auch schon Urlaubspläne für das nächste Jahr?
Lars: Ja, nächstes Jahr möchte ich gern nach Amerika fahren.

4 Warum verreist Monika in den Ferien nicht?

Ich heiße Monika und ich bin 16 Jahre alt. Ich gehe in die 9. Klasse. Also, in den Sommerferien bleibe ich dieses Jahr zu Hause. Ich habe kein Geld, um zu verreisen. Ich werde in den Ferien drei Wochen lang arbeiten. Ich möchte mir nämlich einen Computer kaufen. Was ich machen werde? Ich werde in einem

Supermarkt in unserer Straße arbeiten. Von neun Uhr morgens bis 18 Uhr 30 sitze ich dann an der Kasse. Die Arbeit ist nicht leicht, aber ich verdiene ganz gut – ich bekomme zehn Mark die Stunde. Samstags und sonntags habe ich frei – dann kann ich mich mit meinen Freundinnen treffen. Die meisten von ihnen arbeiten auch in den Ferien. Am Wochenende wollen wir uns dann amüsieren – wir gehen in die Disco. Nach dem Urlaubsjob habe ich noch drei Wochen Ferien – super! Dann werde ich richtig faulenzen! Ich will lange schlafen, viel lesen und viel fernsehen. Im Sommer ist in unserer Stadt auch immer etwas los: es gibt Stadtfeste, Konzerte, Open Air-Festivals... Ich finde, Urlaub zu Hause ist toll! Es gibt immer etwas Interessantes zu tun – ich werde mich auf keinen Fall langweilen!

11 Probleme

1 Was haben diese Touristen verloren?

1 Wo ist meine braune Handtasche?
2 Ich habe meine Brieftasche verloren!
3 Haben Sie meine Kette gefunden?
4 Hilfe! Meine Uhr ist weg!
5 Ich habe meinen schwarzen Schirm verloren.
6 Wo ist meine Jacke?
7 Entschuldigung – haben Sie meine Schlüssel gefunden?
8 Oh nein – meine Geldbörse ist weg!
9 Ich habe meinen roten Schirm verloren.

2 Was paßt zusammen?

1 Es ist an der Kreuzung an der Goethestraße passiert. Der andere Wagen ist viel zu schnell gefahren. Er ist mir direkt in die Tür gerast. Aber Gottseidank ist niemandem etwas passiert!

2 Ich glaube, ich habe ihn im Bus verloren. Ich bin mit der Linie 10 zum Bahnhof gefahren. Dann bin ich zum Marktplatz gelaufen. Es fing an zu regnen – und mein Schirm war weg!

3 Oh nein – wie ärgerlich! Jetzt ist die Maschine schon wieder kaputt! Das ist das zweite Mal in dieser Woche! Jetzt muß ich doch zum Supermarkt gehen und mir dort Schokolade kaufen!

4 Micky! Micky! Entschuldigung – haben Sie vielleicht meine Micky gesehen? Sie ist heute morgen weggelaufen. Ich hab sie schon überall gesucht, aber ich kann sie nicht finden!

5 Hilfe! Hilfe! Meine Tasche! Stehenbleiben! Meine Tasche! Halten Sie den Dieb! Oh nein – mein ganzes Geld! Hilfe! Hilfe!

6 Also, wir sind hier am Bahnhof. Wie kommen wir zur Oper? Laß mich mal sehen...wir gehen geradeaus und dann die erste Straße links... an der Kreuzung gehen wir dann rechts – und dann ist die Oper dort links.

7 Ich habe schon großen Hunger! Ach nein – schau mal – das Restaurant hat heute geschlossen! Wie schade! Tja, was machen wir jetzt? Ich weiß – wir gehen zur Pizzeria am Marktplatz – die hat jeden Tag auf!

8 Also, was brauche ich: Brot, Mineralwasser, Äpfel... nanu – was ist hier denn los... und dieser Lärm... der Laden hat ja zu! Ach nein, dann muß ich doch zum Einkaufen in die Stadt fahren!

3 Sind die Sätze richtig oder falsch?

Andi: Hallo! Ich bin der Andi. Wir machen ein Videoprojekt zum Thema „ausländische Jugendliche in Deutschland." Können wir dir ein paar Fragen stellen?
Emine: Ja, klar.
Andi: Also... wie heißt du?
Emine: Ich heiße Emine, und ich bin Türkin.
Andi: Emine, wie alt bist du?
Emine: Ich bin 16 Jahre alt.
Andi: Wo wohnst du?
Emine: Ich wohne in Hamburg-Harburg.
Andi: Hast du auch Geschwister, Emine?
Emine: Ja, ich habe zwei Schwestern und zwei Brüder.
Andi: Gehst du noch zur Schule?
Emine: Ja, ich gehe in die 8. Klasse. Ich bin in der Realschule.
Andi: Hast du einen Berufswunsch?
Emine: Ja, nach der Schule möchte ich gerne eine Lehre als Friseuse machen.
Andi: Haben deine Eltern auch Arbeit?
Emine: Also, meine Mutter arbeitet nicht. Mein Vater arbeitet in einer Fabrik.
Andi: Ist Deutschland deine Heimat?
Emine: Ja, aber jetzt wollen meine Eltern wieder in die Türkei zurück – zu meinen Großeltern. Sie wohnen in einem kleinen Dorf.
Andi: Warum wollen deine Eltern aus Deutschland weg?
Emine: Sie haben Angst vor der Ausländerfeindlichkeit hier.
Andi: Und du? Was möchtest du?
Emine: Ich möchte in Deutschland bleiben. Ich bin hier geboren und aufgewachsen. Das ist meine Heimat – und nicht die Türkei!
Andi: Danke für das Gespräch, Emine.

12 Umweltschutz/Transport

1 Welche Fotos passen zu welchem Interview?

Ich heiße Melanie. Umweltschutz ist wichtig, finde ich. Darum mache ich Recycling: Ich sammle Glasflaschen und bringe sie zum Altglascontainer. Und meine alten Zeitungen und Zeitschriften kommen in den Altpapiercontainer.

Mein Name ist Lars. Was ich für die Umwelt tue? Ich fahre überall mit dem Fahrrad hin. Das ist gesünder, billiger – und ist gut für die Umwelt. Autos sind umweltfeindlich. Die Autoabgase verschmutzen unsere Luft. Darum: Autofahren – nein danke!

Ich bin die Eva. Ich versuche, umweltfreundlich zu leben. Zum Einkaufen nehme ich eine Stofftasche und keine Plastiktüte. Und im Supermarkt kaufe ich nur umweltfreundliche Produkte – zum Beispiel Pumpspraydosen oder phosphatfreie Reinigungsmittel.

2 Beantworte die Fragen

Interviewer: Hallo, Urs, hallo Pia!
Urs/Pia: Hallo!
Interviewer: Wir machen ein Interview zum Thema Umweltschutz für unsere Schulzeitung. Ihr seid doch Experten zu diesem Thema, nicht wahr? Ihr kommt nämlich aus Bern in der Schweiz. Und die Schweiz ist die Nummer eins in Sachen Umweltschutz. Erzählt uns doch etwas darüber!

Pia: Ja, also Umweltschutz ist wichtig – das lernen wir schon in der Schule!

Urs: Ja, bei uns haben alle Schüler „Umweltschutzunterricht": in jeder Klasse gibt es Umweltprojekte und Umweltaktionen.

Interviewer: Seid ihr auch zu Hause umweltfreundlich?

Pia: Ja, natürlich. Wir sortieren unseren Müll und recyceln ihn: Glas, Papier, Aluminium und normalen Abfall sammeln wir in verschiedenen Mülltonnen. Die Stadt holt die Mülltonnen dann zum Recyceln ab.

Urs: Aber das ist noch nicht alles: Zu Hause sparen wir auch Wasser und Energie: wir machen jedesmal das Licht aus, wenn wir aus einem Zimmer gehen, zum Beispiel.

Interviewer: Das ist gut. Kann man in der Schweiz auch umweltfreundliche Produkte kaufen?

Urs: Ja, alle Supermärkte verkaufen sehr viele recycelte Produkte. Bei der MIGROS – das ist die größte Supermarktkette in der Schweiz – sind zum Beispiel 40% aller Papierprodukte recycelt.

Pia: Ja, und das Gute ist: diese Sachen sind billiger, nicht teurer!

Interviewer: Ihr kauft also nur recycelte Produkte?

Urs: Na klar!

Interviewer: Was meint ihr: warum sind die Schweizer so umweltbewußt?

Pia: Also, bei uns gibt es noch viel Natur. Vielleicht wissen wir deshalb, wie wichtig unsere Natur und unsere Umwelt sind.

3 Telefongespräche mit dem Verkehrsamt

1

Beamtin: Guten Tag, Verkehrsamt München!

Mann: Guten Tag. Ich habe eine Frage: Ich wohne in Hamburg und komme nächste Woche nach München. Wie reise ich am besten?

Beamtin: Also, mit dem Flugzeug ist es natürlich am bequemsten. Der Flug dauert nur 45 Minuten.

Mann: Ich weiß nicht... ich fliege nicht so gern.

Beamtin: Sie können natürlich auch mit dem Zug fahren.

Mann: Und wie lange dauert die Fahrt?

Beamtin: Sechs Stunden.

Mann: Sechs Stunden? Das ist aber lange!

Beamtin: Oder Sie können auch mit dem Auto fahren. Das ist in München kein Problem.

Mann: Nein, ich kann leider nicht autofahren.

Beamtin: Also, ich schicke Ihnen am besten weitere Informationen zu – dann können Sie sich danach entscheiden.

Mann: Ja, vielen Dank. Auf Wiederhören!

2

Beamtin: Verkehrsamt München – wie kann ich Ihnen helfen?

Frau: Ja, guten Tag. Ich möchte nächsten Monat von Leipzig nach München fahren. Ein Auto habe ich nicht.

Beamtin: Der Intercity fährt jede Stunde von Leipzig nach München. Die Zugfahrt dauert vier Stunden.

Frau: Und mit dem Flugzeug – wie lange dauert das?

Beamtin: Der Flug dauert nur 30 Minuten.

Frau: Ja, das ist natürlich schneller – und bequemer. Aber wissen Sie: ich habe nicht viel Geld – Fliegen ist sicher teurer, nicht wahr?

Beamtin: Ja, das stimmt. Soll ich Ihnen einige Broschüren schicken? Dort finden Sie dann auch die Preise.

Frau: Das ist eine gute Idee. Vielen Dank!

3

Beamtin: Verkehrsamt München – guten Morgen!

Mann: Guten Morgen. Ich wohne in Stuttgart und habe morgen einen Termin in München. Ich muß um sieben Uhr morgens im Hotel zur Glocke sein.

Beamtin: Kein Problem, mein Herr. Sie fahren am besten mit dem Zug und mit der U-Bahn.

Mann: Und wie lange dauert das?

Beamtin: Also... Sie müssen einmal mit dem Zug umsteigen – und zweimal mit der U-Bahn – ungefähr 90 Minuten.

Mann: Umsteigen? Nein, das ist mir zu unbequem. Wie ist es denn mit dem Auto?

Beamtin: Ja, das ist natürlich auch sehr einfach. Sie kommen auf der Autobahn von Stuttgart direkt in die Innenstadt. Dort ist um diese Zeit noch nicht viel Verkehr. Und neben dem Hotel zur Glocke ist ein großes Parkhaus.

Mann: Können Sie mir die Informationen dazu heute noch faxen? Dann kann ich mich heute abend entscheiden.

Beamtin: Ja gern, mein Herr.

4 Das Auto in der Stadt?

Interviewer: In unserer heutigen Radiodiskussion geht es um Autoverkehr in der Stadt. Bei mir im Studio ist Gabriele Meier. Frau Meier, Sie arbeiten für das Umwelt- und Verkehrsamt der Stadt Hamburg?

Frau Meier: Ja, das ist richtig. Ich schreibe gerade eine Studie zum Thema Autos in der Stadt.

Interviewer: Was sagen Sie, Frau Meier: Fahren heute weniger Leute mit dem Auto als vor zehn Jahren?

Frau Meier: Ja, das stimmt schon. Immer mehr Leute benutzen heute öffentliche Verkehrsmittel – um zur Arbeit zu fahren, zum Beispiel.

Interviewer: Aber viele Leute fahren immer noch mit dem Auto in die Stadt?

Frau Meier: Ja, leider. Autofahren ist natürlich bequemer.

Interviewer: Viele Leute sagen auch: „Autofahren ist billig".

Frau Meier: Das stimmt vielleicht. Aber viel wichtiger ist: Autofahren ist ungesünder – und umweltfeindlicher. Die Autos vergiften mit ihren Abgasen unsere Luft. Neue Autos müssen heute zwar einen Katalysator haben. Und viele Autos fahren auch mit bleifreiem Benzin. Aber auch sie produzieren noch giftiges Kohlen- und Schwefeldyoxid!

Interviewer: Autofahren ist oft aber auch schneller. Ich wohne zum Beispiel im Süden Hamburgs. Mit dem Auto brauche ich zur Arbeit 20 Minuten. Mit dem Bus und der U-Bahn dauert die Fahrt aber eine Stunde.

Frau Meier: Ja, aber wie viele Autofahrer stehen jeden Morgen im Stau! Ihnen ist das egal. Ich glaube, für viele Deutsche ist das Auto vor allem Statussymbol. Es zeigt: ich fahre ein schnelles, großes Auto – ich bin erfolgreich!

Interviewer: Damit sind wir schon am Ende unserer Diskussion. Frau Meier, vielen Dank für das Gespräch!

Frau Meier: Bitte sehr.

Kontrolle 1

1 Hör dem Interview mit Ina zu und mach Notizen

Interviewer: Ina, erzähl mir mal: Wie sieht ein typischer Tag für dich aus?

Ina: Also, ich stehe um Viertel vor sieben auf. Um Viertel nach sieben frühstücke ich – ich esse Müsli und ein Brötchen mit Marmelade. Und um halb acht fahre ich dann zur Schule.

Interviewer: Fährst du mit dem Fahrrad zur Schule?

Ina: Nein, ich fahre mit dem Bus. Das ist schneller.

Interviewer: Wie lange dauert die Fahrt?

Ina: Die Fahrt dauert zwanzig Minuten, aber ich muß einmal umsteigen.

Interviewer: Und wann fängt die Schule an?

Ina: Um acht. Montags and mittwochs habe ich bis um halb zwei Unterricht. Am Dienstag, Donnerstag und Freitag habe ich Unterricht bis um Viertel nach zwei. Das ist ganz schön anstrengend!

Interviewer: Und was machst du nach der Schule?

Ina: Also, nach dem Mittagessen mache ich meine Hausaufgaben. Das dauert ein bis zwei Stunden. Danach treffe ich mich meistens mit Karin, meiner besten Freundin. Manchmal fahren wir in die Stadt, aber meistens sitzen wir in ihrem Zimmer und hören Musik.

Interviewer: Machst du auch Sport?

Ina: Ja, ich bin im Volleyballverein, und Montag nachmittag habe ich Training.

Interviewer: Was machst du abends, Ina?

Ina: Ich bleibe meistens zu Hause und sehe fern – ich habe einen eigenen kleinen Fernseher in meinem Zimmer. So um halb elf gehe ich dann ins Bett. Manchmal lese ich noch ein bißchen, und so gegen elf mache ich dann mein Licht aus.

Kontrolle 2

1   Hör dem Interview mit Meike und Silke zu

Interviewer: Meike, hast du oft Streit mit deinen Eltern?

Meike: Ja, ziemlich oft.

Interviewer: Warum streitet ihr euch?

Meike: Also, meine Eltern sind der Meinung: ich sehe zuviel fern.

Interviewer: Und stimmt das?

Meike: Ich finde nicht. Ich sehe nur nachmittags und abends fern – das is doch nicht zuviel!

Interviewer: Was siehst du am liebsten?

Meike: Am liebsten sehe ich Kabelfernsehen – Musikvideos und Seifenopern. Das finden meine Eltern natürlich nicht gut – sie sagen immer: „Solche Programme sind doch dumm – warum liest du nicht mal ein gutes Buch?" Aber Bücher interessieren mich nicht.

Interviewer: Silke, hast du auch Probleme mit deinen Eltern? Streitet ihr euch oft?

Silke: Oh ja, meine Eltern mögen meinen Freund Tobias nicht. Meine Mutter sagt: „Immer bist du mit Tobias zusammen. Du hast keine Zeit mehr für deine Freundinnen und deine Hobbys!" Ich bin aber am liebsten mit Tobias zusammen. Wir verstehen uns super und können über alles reden. Das ist doch nicht verkehrt, oder? Mich stört auch, daß ich so viel im Haushalt helfen muß. Meine kleine Schwester braucht nicht soviel zu machen – das finde ich unfair!

Kontrolle 3

1   Hör dem Interview mit Sven zu

Interviewer: Sven, willst du in den Sommerferien arbeiten?

Sven: Oh, ja, ich möchte gern einen Ferienjob haben. Ich möchte mir nämlich einen Computer kaufen.

Interviewer: Wo möchtest du am liebsten arbeiten?

Sven: Das ist mir eigentlich egal – Hauptsache, ich bekomme irgend etwas! Das ist nicht so einfach – hier in unserer Stadt gibt es nicht viele Sommerjobs.

Interviewer: Hast du letztes Jahr auch in den Sommerferien gearbeitet?

Sven: Oh, ja, im letzten Sommer habe ich vier Wochen lang in einer Gärtnerei gearbeitet.

Interviewer: Wie hast du den Job bekommen?

Sven: Ich bin einfach mal hingegangen und hab' gefragt, ob ich dort aushelfen kann. Und ich hatte Glück: Eine Woche später konnte ich dort anfangen!

Interviewer: Hat dir die Arbeit Spaß gemacht?

Sven: Oh, ja, sehr. Ich habe viel draußen gearbeitet, und manchmal durfte ich auch beim Verkaufen helfen. Also, der Kontakt zu den Kunden hat mir sehr gut gefallen.

Interviewer: Gibt es auch etwas, was dir nicht gefallen hat?

Sven: Ja, der Lohn – ich habe nur sechs Mark die Stunde bekommen. Das war viel zu wenig, fand' ich. Und ich mußte morgens schon um sieben Uhr anfangen – das fand' ich auch nicht so gut.

Kontrolle 4

1   Hör dem Interview mit Sandra zu

Interviewer: Sandra, wo warst du letztes Jahr im Urlaub?

Sandra: Ich war zwei Wochen mit meiner Freundin in Ungarn. Wir haben dort gezeltet.

Interviewer: Und wie seid ihr dorthin gefahren?

Sandra: Mit dem Zug. Das was am billigsten.

Interviewer: Was hat dir am besten in Ungarn gefallen?

Sandra: Die Landschaft hat mir am besten gefallen. Wir waren zuerst eine Woche lang in einem kleinen Dorf im Norden Ungarns. Also dort auf dem Land ist alles grün, und es gibt viele Seen. Dort ist es sehr ruhig, und es gibt keinen Lärm. Aber es gab auch Nachteile: Für Jugendliche gab es nicht viel zu tun – es gab zum Beispiel keine Discos oder Jugendzentren. Die nächste Stadt war 30 km entfernt, und es gab jeden Tag nur einen Bus in die Stadt!

Interviewer: Und was habt ihr in der zweiten Woche gemacht?

Sandra: In der zweiten Woche waren wir in Budapest. Budapest ist die Hauptstadt von Ungarn.

Interviewer: Hat dir Budapest gefallen?

Sandra: Ja, Budapest war sehr schön, und die Leute waren sehr nett. Aber es gibt dort viel Umweltverschmutzung. Das ist ein großes Problem. Recycling gibt es dort nicht – alles kommt in die Mülltonne. Und dann die vielen Autos! In der Innenstadt war jeden Tag Stau. Die Autos haben auch keinen Katalysator – sie vergiften die Luft mit ihren Abgasen. Das fand' ich furchtbar!

Answers

Unit 1

1 Miriam: c;   Sven: a;   Tim: b

2 Markus: c;   Susi: c

3 *Alter:* 16
Seit wann Vegetarierin? Seit drei Jahren
Ißt am liebsten: Nudeln mit Käse
Lieblingssport: Basketball
Ißt nicht gern: Eier
Sind Eltern Vegetarier? Vater ja

4 Tiere werden gequält; vegetarisches Essen ist gesund; es ist billiger; sie liebt Tiere; Fleisch ist voll mit Chemie

9 1 b;   2 d;   3 c;   4 a

10 4;   1;   3;   2

11 b

12 *Name:* Henry Maske
Alter: 29
Beruf: Boxer
Wohnt in: Frankfurt/Oder
Familie: verheiratet – eine Tochter
Größte Erfolge: Europameister 85/87, Olympiasieger in Seoul 88, 89 Weltmeister
Man nennt ihn: Gentleman Henry
Ausbildung: Abitur

Zum Üben

1 1 Es ist rot-weiß.
   2 Er kauft einen Computer.
   3 Es ist drei Jahre alt.
   4 Sie gehen ins Kino.
   5 Wir machen gern Sport.
   6 Sie ist sehr schön.

2

ich	mich	mir
du	dich	dir
er	ihn	ihm
sie	sie	ihr
es	es	ihm
wir	uns	uns
ihr	euch	euch
sie	sie	ihnen
Sie	Sie	Ihnen

3 1 Er besucht mich.
   2 Wir kennen uns schon lange.
   3 Gib mir das Buch!
   4 Ich gehe ohne ihn.
   5 Wie geht es ihm?
   6 Sie mag mich.

4 1 Ina ist schnell. Tanja ist schneller. Susi ist am schnellsten.
   2 Stefan ist groß. Kai ist größer. Ute ist am größten.
   3 Jan ist ordentlich. Tom ist ordentlicher. Martin ist am ordentlichsten.
   4 Conny ist faul. Katrin ist fauler. Sina ist am faulsten.
   5 Eine Dose Cola ist billig. Ein Mineralwasser ist billiger. Eine Tasse Kaffee ist am billigsten.

Unit 2

1 1 Gymnasium;   2 Deutsch;
   3 sitzenbleiben;   4 Note;
   5 Stundenplan;   6 Mathe;
   7 Pause;   8 Informatik;   9 Klasse

2 1 ✓;   2 ✗;   3 ✗;   4 ✓;   5 ✗;
   6 ✗;   7 ✗;   8 ✓;   9 ✓;   10 ✗

3 mit dem Fahrrad zur Schule; keine Schuluniformen; lockerer – weniger Disziplin; keine Kantine (kein Mittagessen); nachmittags schulfrei

8 1 c;   2 b;   3 c;   4 a

11 *dafür:* d, e, f, g
   dagegen: a, b, c
   1g;   2f;   3b;   4d;   5c;   6a;   7e

Zum Üben

1 1 Ich muß Hausaufgaben machen.
   2 Er darf seinen Aufsatz vorlesen.
   3 Sie soll das Buch holen.
   4 Er kann noch nicht lesen.
   5 Ich möchte Abitur machen.
   6 Sie will aufs Gymnasium gehen.

2 1 Sie möchte Französisch lernen.
   2 Wir können heute ausschlafen.
   3 Wir dürfen früher nach Hause gehen.
   4 Du sollst deine Hausaufgaben machen.
   5 Er will nicht sitzenbleiben.
   6 Sie müssen im Klassenraum bleiben.
   7 Ihr dürft in der Schule nicht rauchen.

3 1 Du mußtest das Buch lesen.
   2 Wir durften das Buch lesen.
   3 Er sollte das Buch lesen.
   4 Ihr mochtet das Buch lesen.
   5 Sie konnten das Buch lesen.

4 1 Englisch macht Spaß, obwohl der Lehrer streng ist.
   2 Ich bin sitzengeblieben, obwohl ich viel gelernt habe.
   3 Ich habe ein gutes Zeugnis, obwohl ich sehr faul bin.
   4 Ich gehe ins Kino, obwohl ich für den Test lernen soll.
   5 Ich komme zu spät, obwohl ich mich beeilt habe.
   6 Meine Freundin ist besser als ich, obwohl ich mehr lerne.

Unit 3

1 Susi: b;   Jens: a;   Tanja: a

2 c

3 1 a ✓;   b ✗;   c ✓;   2 a ✓;
   b ✗;   c ✓;   3 a ✓;   b ✗;   c ✗

4 *für:* logisch denken; konzentriert sein; nie langweilig; spannend
   gegen: machen dumm; Augen tun weh; Computerfans haben keine anderen Interessen und keine Freunde

9 **a** video shop/club;   **b** cake shop;
   c ice rink;   **d** computer shop;
   e book shop;   **f** gym;   **g** ice cream parlour;   **h** record shop;   **i** disco

10 1 a;   2 d, f;   3 b, e;   4 c

11 1 e, g;   2 f;   3 b, d;   4 a, c

12 *Name:* Markus
Alter: 16
Job: macht Popcorn
Wohnt in: Bad Münstereifel
Arbeitstag: ab neun Uhr, manchmal 11 Stunden, füllt Popcorn in Tüten, verkauft Zuckerwatte
Wie findet er die Arbeit? gut

Zum Üben

2 1 im;   2 in der;   3 im;   4 in der;
   5 vor dem;   6 auf der;
   7 neben dem
   (The above are possible answers – you might have chosen different ones.)

3 1 Ich sehe nicht gern fern.
   2 Ich höre gern Musik.
   3 Ich schwimme gern.
   4 Ich lese nicht gern.
   5 Ich tanze nicht gern/gehe nicht gern in die Disco.

6 Ich koche gern.
7 Ich gehe nicht gern in die Stadt
   einkaufen.
8 Ich spiele gern Tennis.

4 1 Ich spare mein Taschengeld.
   2 Tom/Tanja bekommt 50 Mark im
      Monat.
   3 Tanja/Tom hat einen Ferienjob.
   4 Wir gehen oft ins Kino.
   5 Du findest Mode sehr wichtig.
   6 Uwe und Anja lesen am liebsten
      Zeitschriften.
   7 Ihr tragt gern teure Jeans.

Unit 4

1 b

2 *Name:* Mascha Kramer
   Alter: 21
   Kommt aus: Rostock
   Seit wann bei VIVA: seit (Anfang)
   1994/seit drei Jahren
   Sendung: Rock-Report
   Bevor VIVA: Studentin
   Hobbys: Musik, Lesen

3 1 ✗; 2 ✗; 3 ✓; 4 ✗; 5 ✓;
   6 ✓; 7 ✗; 8 ✗

4 c

9 b; a; c

10 b; d

11 1 Jessica
    2 Kai
    3 Saskia

    positiv: amüsant; lustig; frech;
       witzig
    negativ: plump; abstoßend;
       beeinflußt

12 *pro:* c, d, e, h
    kontra: a, b, f, g

Zum Üben

1 ich werde fahren
   du wirst fahren
   er/sie/es wird fahren
   wir werden fahren
   ihr werdet fahren
   sie werden fahren
   Sie werden fahren

2 1 Morgen wird es heiß (sein).
   2 Morgen wird es schneien.
   3 Morgen wird es Gewitter geben.
   4 Morgen wird es neblig (sein).
   5 Morgen wird es sonnig (sein).
   6 Morgen wird es kalt (sein).
   7 Morgen wird es windig(sein).

3 1 Es wird elektronische
      Zeitschriften geben.
   2 Wir werden das Solarfernsehen
      erfinden.
   3 Jedes Haus wird eine
      Computerzentrale haben.
   4 Computer werden immer billiger
      werden.
   5 Es wird keine Radios geben.
   6 CDs werden altmodisch sein.
   7 Es wird keine Telefone geben.
   8 Die Werbung wird aus dem All
      kommen.

4 1 Wenn es regnet, werde ich zu
      Hause bleiben.
   2 Wenn ich mich informieren will,
      lese ich Zeitung.
   3 Wenn ich mich langweile, schalte
      ich den Fernseher an.
   4 Wir werden ins Schwimmbad
      gehen, wenn morgen die Sonne
      scheint.
   5 Ich höre am liebsten Musik, wenn
      ich in meinem Zimmer bin.
   6 Wenn ich Hausaufgaben mache,
      höre ich Radio.
   7 Wenn das Wetter nicht besser
      wird, können wir nicht in Urlaub
      fahren.
   8 Ich schaue Kabelfernsehen, wenn
      ich Unterhaltung will.

Unit 5

1 Martin: c;   Ina: a;   Olaf: b

2 Party bei Silke – Samstag

3 Bonn; teilt sich ein Zimmer mit Anja;
   8. Klasse; Deutsch und Biologie;
   Bratwurst

4 andere Hobbys und Interessen; er
   interessierte sich zu sehr für Sport;
   sie sollte nie mit ihren Freundinnen
   weggehen; ihre Musik fand er nicht gut

9 e; d; a; c; f; b

10 Katja und Thorsten: c;   Jana: b

    Katja und Thorsten: machen nicht
       alles zusammen; helfen sich
       gegenseitig bei Problemen
    Jana: hat keinen festen Freund;
       findet Jungen nicht langweilig

11 *Vorteile:* man hilft sich bei
       Problemen; kann sich alles
       erzählen; hat keine Geheimnisse;
       kann eigene Interessen haben;
       kann oft zusammen sein
    Nachteile: keine eigenen
       Interessen; keine Zeit für
       Freunde/Freundinnnen; immer
       zusammen

14 wie geht's? Ich bin gut nach **Hause**
    gekommen. Ich **möchte** mich ganz
    herzlich für den schönen Aufenthalt
    bei Euch in Herdecke **bedanken**. Ihr
    wart alle so freundlich und hilfreich
    und ich habe mich bei **Euch** sehr
    wohlgefühlt. **Hoffentlich** habe ich
    auch mein **Deutsch** verbessert!
       Ich **habe** so viel Interessantes in
    Deutschland gesehen. Vielen Dank
    noch mal auch für die tollen
    Ausflüge, die wir zusammen
    gemacht haben. Besonders schön
    war die Fahrt **nach** Dortmund.
       Ich freue mich sehr **auf** Martins
    Besuch. Dann kann ich ihm die
    Sehenswürdigkeiten hier zeigen.
       Viele **Grüße** auch von meinen
    Eltern

Zum Üben

1 1 Ich esse nicht gern Kartoffelsalat.
   2 Ich habe keine Karte von meiner
      Oma bekommen.
   3 Sie haben kein Problem.
   4 Ich habe keine Idee.
   5 Wir fahren im Sommer nicht nach
      London.
   6 Ich habe keine Geschenke
      bekommen.
   7 Er ist nicht groß und trägt keine
      Brille.
   8 Ich habe keinen Bruder.
   9 Wir kommen nicht sehr gut
      miteinander aus.

2 Mein Geburtstag war ein
   schrecklicher Tag!
   Ich habe **keine** einzige
   Geburtstagskarte bekommen und
   auch **keine** Geschenke bekommen.
   Ich wollte eine Party haben, aber ich
   habe **keine** Zeit gehabt, sie zu
   arrangieren. Weil ich **keinen** Bruder
   oder **keine** Schwester habe, mußte
   ich meine Party ganz allein feiern.
   Ich bin zum Fast Food Restaurant
   gegangen. Ich habe Pommes frites
   und einen Hamburger (**keinen**
   Burger mit Käse!) gegessen. **Kein**
   Geschirr und **kein** Besteck – ich
   mußte mit den Fingern essen. Ich bin
   dann ins Kino gegangen, aber da
   läuft im Moment **kein** guter Film.
   Danach bin ich nach Hause
   gekommen, aber ich hatte **keinen**
   Schlüssel. Ich hatte ihn verloren. Ich
   bin durch ein offenes Fenster
   gegangen. Leider hat ein Polizist
   mich gesehen. Ich mußte ihm
   erklären, daß ich **kein** Verbrecher
   war. Ich wollte **keine** Nacht in der
   Polizeiwache verbringen.

3 **1** Dieses Stück Kuchen ist **größer als** dieses.
Aber mein Stück ist **am größten.**
2 Frau Schmidt ist kleiner als Herr Schmidt.
Aber ihr Sohn ist am kleinsten.
3 Die Reise von hier nach Paris ist länger als die Reise nach London.
Aber die Reise nach Moskau ist am längsten.
4 Mein Buch ist interessanter als dein Buch.
Aber dieses Buch ist am interessantesten.
5 Das Wetter in Menorca ist normalerweise schöner als das Wetter in Schweden.
Aber das Wetter in der Karibik ist am schönsten.

Unit 6

1 Michael: c;   Susi: a;   Markus: b

2 Monika: b;   Daniel: b

3 Sven: a ✗;   b ✓;   c ✓;
Lisa: a ✗;   b ✓;   c ✗;
Karin: a ✓;   b ✗;   c ✗

4 Puppen; vier Regale; altes Sofa; Schreibtisch; Computer; CD-Spieler; großer Kleiderschrank; Stuhl; Bücherregal; Pflanzen; Poster

9 **1** f; **2** a; **3** e; **4** b; **5** d; **6** c

10 Floh

11 b

12 b

Zum Üben

1 **1** Danach frühstücke ich.
2 Am Abend habe ich in der Disco getanzt.
3 Drei Stunden später bin ich nach Hause gegangen.
4 Seit vier Jahren teile ich ein Zimmer mit meiner Schwester.
5 Jeden Tag muß er staubsaugen.
6 Jede Woche macht sie das Badezimmer sauber.
7 Zweimal im Jahr gehen wir alle zum Zahnarzt.

2 **a** *aufstehen*
ich stehe auf
du stehst auf
er/sie/es steht auf
wir stehen auf
ihr steht auf
sie stehen auf
Sie stehen auf

b *sich waschen*
ich wasche mich
du wäschst dich
er/sie/es wäscht sich
wir waschen uns
ihr wascht euch
sie waschen sich
Sie waschen sich

trennbare Verben: aufstehen; mitnehmen; abfahren

reflexive Verben: sich waschen; sich freuen; sich die Zähne putzen

Unit 7

1 Tina: c;   Florian: f

2 Kaiserstr.

3 U-Bahn; 45 Minuten; zweimal; blau; Freundinnen

4 Sehenswürdigkeiten; Touristen; alter Teil; moderne Viertel; schöne Parks; Jugendzentren; Sportclubs; Zoologischer Garten; Kinos, Discos; Musikclubs; Verkehr, Umweltverschmutzung; Kriminalität

9 **1** d; **2** b; **3** g; **4** h; **5** f; **6** c; **7** a; **8** e

10 **1** b; **2** a; **3** c; **4** d

11 **1** c; **2** b; **3** a

12 **1** 1209 Jahre (in 1996);
2 seit 1260; **3** Kaffeeröstereien, Schiffswerften, Tabakfirmen;
4 592 Jahre (in 1996);
5 Hamburg

Zum Üben

1 aus
bei
gegenüber
mit
nach
seit
von
zu

2
	Nominativ	Dativ
m	der	dem
f	die	der
n	das	dem

	Nominativ	Dativ
m	ein	einem
f	eine	einer
n	ein	einem

3 **1** Die Bäckerei ist **neben dem** Supermarkt.
2 Die Post ist **gegenüber der** Bibliothek.
3 Der Bahnhof ist **hinter einem** Hotel.
4 Der Friseursalon ist **zwischen** d ... . und d ....
5-10 *(Various solutions applicable)*

4 Willkommen in Bremen! Bremen ist eine Reise wert! Auf **dem** Marktplatz finden Sie den gothischen St. Petri Dom und das wunderschöne Rathaus mit **einem** Weinkeller. Vor **dem** Rathaus finden Sie die Rolandsäule, Symbol von **der** Stadtfreiheit. Auch neben **dem** Rathaus finden Sie das Denkmal der Bremer Stadtmusikanten aus **dem** Märchen von den Brüdern Grimm. Ein Huhn sitzt auf **einer** Katze und die Katze sitzt auf **einem** Esel.

Unit 8

1 **1** ✓; **2** ✗; **3** ✗; **4** ✓; **5** ✓; **6** ✗; **7** ✗; **8** ✓

2 *Negativ:*
Silke: anstrengend, viel los; schwer, höflich zu bleiben
Thomas: langweilig; ziemlich allein/kein Kontakt

Positiv:
Silke: interessant; nette Kollegen; selbständig arbeiten; Kontakt mit anderen Menschen
Thomas: Arbeit mit dem Computer; Arbeit mit Kunden; keinen Streß

3 b

6 c; d; e; h

7 3

8 *wo gearbeitet:* Kfz-Werkstatt
Reaktion der Familie: nicht begeistert
Reaktion der Kollegen: zuerst nicht nett
Pläne: Lehre als Kfz-Mechanikerin

positiv: viel gelernt; interessant; viel Abwechslung
negativ: stressig; Kollegen haben sie zuerst nicht akzeptiert; man darf nicht empfindlich sein; man muß selbstbewußt sein

9 ich habe vor, **im Mai** nach **Weimar** zu fahren und möchte **ein Einzelzimmer** mit **WC, Bad, Telefon** und Fernseher reservieren lassen. Ich komme am **4. Mai** und möchte **zwei Nächte** bleiben.
Können Sie auch bitte Informationen über die **Sehenswürdigkeiten** Ihrer Stadt und die Umgebung schicken?

1
1. Ich habe mein Praktikum in der Firma Fleischer gemacht.
2. Ich habe bei meiner Tante gewohnt.
3. Ich habe von 9 bis 5 Uhr gearbeitet.
4. Ich habe oft Englisch gesprochen.
5. Mittags habe ich in der Kantine gegessen.
6. Ich habe Briefe an andere Firmen geschrieben.
7. Morgens habe ich die Zeitung gelesen.
8. Ich habe viel gelernt.
9. Die Arbeit hat mir gut gefallen.
10. Ich habe viel Spaß gehabt.

2
1. Susi ist nie zu spät gekommen.
2. Frau Sauer hat mir am Anfang geholfen.
3. Bei schönem Wetter bin ich zu Fuß gegangen.
4. Herr Meier ist mit dem Bus zur Arbeit gefahren.
5. Susi und ich haben mittags zusammen gegessen.
6. Thomas ist zur Bushaltestelle gelaufen.
7. Vor der Firma habe ich Katja getroffen.
8. Frau Müller hat heute die U-Bahn genommen.
9. Ich bin schon in der Kantine gewesen.
10. Manchmal bin ich abends länger im Büro geblieben.

3
1. Während ich mein Praktikum mache, gehe ich nicht zur Schule.
   Während meines Praktikums gehe ich nicht zur Schule.
2. Während ich mein Studium mache, muß ich arbeiten.
   Während meines Studiums muß ich arbeiten.
3. Während sie ihr Praktikum macht, geht sie nicht zur Schule.
   Während ihres Praktikums geht sie nicht zur Schule.
4. Während ich telefoniere, mache ich Notizen.
   Während des Telefonats mache ich Notizen.

4 1 als; 2 während; 3 während; 4 als; 5 als; 6 während

Unit 9

1 Silke: a; Oliver: c

2 Martin: a; Sandra: d; Sven: f

3 1 a; 2 b; 3 a; 4 a; 5 a; 6 b

4 April; Spanisch; Zwei in Französisch; im Verkauf; fragt nicht nach Geld

7 2
  – Guten Tag. Kann ich **Ihnen** helfen?
  – Ja. Ich möchte diesen Reisescheck **einlösen**, bitte.
  – Haben Sie Ihren **Paß**, bitte?
  – Bitte schön. Wie steht der **Kurs** heute?
  – Ein **Pfund** zu zwei Mark zwanzig. Können Sie bitte hier **unterschreiben**?
  – ....
  – Danke schön. Und hier ist Ihr **Geld**.
  – Vielen Dank. Auf Wiedersehen.
  – Auf Wiedersehen.

9 1 a; 2 c; 3 b; 4 d

10 *Name:* Mechtild Grewe
Alter: 29
Schule: Geschwister Scholl-Gymnasium
Studium: Französisch, Latein, Pädagogik
Unterrichtet: Latein und Französisch
Wie viele Stunden: 12
Alter der Schüler: 16 bis 19
Nachmittags: Theater-AG

11 *positiv:* Schüler sind super; haben sie akzeptiert; es gibt keinen schöneren Beruf
negativ: harte Arbeit; man muß sich durchsetzen und Humor haben; es gibt zu viele arbeitslose Lehrer

1
  Maskulin
  Akk. den schwarzen Anzug
  Gen. des schwarzen Anzugs
  Dat. dem schwarzen Anzug

  Feminin
  Akk. die weiße Bluse
  Gen. der weißen Bluse
  Dat. der weißen Bluse

  Neutrum
  Akk. das neue Hemd
  Gen. des neuen Hemdes
  Dat. dem neuen Hemd

  Plural
  Akk. die braunen Schuhe
  Gen. der braunen Schuhe
  Dat. den braunen Schuhen

2
1. ... schwarze Schuhe
2. ... einen blauen Schlips
3. ... ein gelbes T-Shirt
4. ... braune Socken
5. ... schmutzige Jeans
6. ... einen grünen Mantel
7. ... eine bunte Bluse/ein buntes Hemd

3 du müßtest
er/sie/es könnte
wir dürften
ihr solltet
sie wollten
Sie hätten

4
1. Wenn ich bessere Noten hätte, würde ich nach dem Abitur studieren.
2. Wenn ich in den Ferien arbeiten könnte, würde ich mich freuen.
3. Wenn ich zu einem Interview (gehen) müßte, würde ich meinen besten Anzug tragen.
4. Wenn ich mehr Zeit hätte, würde ich einen Computerkurs machen.
5. Wenn ich der Chef wäre, würde ich nett zu den Lehrlingen sein.
6. Wenn ich Fremdsprachen könnte, würde ich Dolmetscherin werden.
7. Wenn ich mehr Geld hätte, würde ich einen Computer kaufen.
8. Wenn ich krank wäre, würde ich nicht zur Arbeit gehen.

Unit 10

1 Susanne: b; Kai: d; Oliver: a

2 Donnerstag

3 1 b; 2 a; 3 b; 4 a; 5 a; 6 a

4 kein Geld; arbeitet/will Geld verdienen; kann sich am Wochenende amüsieren; kann danach noch drei Wochen faulenzen; wird sich zu Hause nicht langweilen

9 1 b; 2 c; 3 a; 4 d

10 c

11 Berlin; London; Paris; Capri

1
haben	*sein*
ich habe	ich bin
du hast	du bist
er/sie/es hat	er/sie/es ist
wir haben	wir sind
ihr habt	ihr seid
sie haben	sie sind
Sie haben	Sie sind

2

1	machen	gemacht	haben
2	spielen	gespielt	haben
3	essen	gegessen	haben
4	gehen	gegangen	sein
5	schreiben	geschrieben	haben
6	fahren	gefahren	haben/sein
7	lernen	gelernt	haben
8	besuchen	besucht	haben
9	lesen	gelesen	haben
10	schwimmen	geschwommen	sein

3 1 Gestern habe ich Basketball gespielt.
 2 Gestern habe ich Wurst gegessen.
 3 Gestern abend bin ich ins Theater gegangen.
 4 Gestern habe ich eine Postkarte an Sabine geschrieben.
 5 Gestern bin ich mit der Bahn in die Stadt gefahren.
 6 Gestern habe ich Mathe in der vierten Stunde gelernt.
 7 Gestern habe ich meine Oma besucht.
 8 Gestern habe ich eine Zeitschrift gelesen.
 9 Gestern bin ich im Freibad geschwommen.

4 1 Wenn ich sehr sportlich wäre, würde ich viel Sport treiben.
 2 Wenn ich sehr schön wäre, würde ich ein Filmstar werden.
 3 Wenn ich ziemlich unfit wäre, würde ich jeden Tag spazieren gehen.
 4 Wenn ich sehr kontaktfreudig wäre, würde ich viele neue Leute kennenlernen.

Unit 11

1 1 b; 2 i; 3 e; 4 g; 5 a; 6 c; 7 f; 8 d; 9 h

2 1 b; 2 h; 3 g; 4 a; 5 f; 6 e; 7 c; 8 d

3 1 ✗; 2 ✓; 3 ✗; 4 ✓; 5 ✗; 6 ✓; 7 ✓; 8 ✗

8 3

9 1 c; 2 d; 3 b; 4 a; 5 g; 6 h; 7 e; 8 f

10 *Name:* Aynur
 Alter: 18
 Nationalität: türkisch
 Wohnt in: Berlin
 Name der Bande: Ghetto-Sisters
 Freizeit: Basketball, Jugendzentrum

13 Am vierten Mai um halb zwei habe ich einen **Unfall** gesehen. Das Wetter war **schlecht**. Es hatte **geregnet** und die Straßen waren **naß**. Ich bin mit dem Auto **durch** die Stadtmitte gefahren in Richtung Stadium. Ein Lastwagen, der in der selben **Richtung** fuhr, hat mich vor einer Kurve **überholt**. Ein Motorrad ist aus der anderen Richtung uns **entgegengefahren** und ist mit dem Lastwagen **zusammengestoßen**. Der Fahrer des Lastwagens hat nicht **angehalten**. Der Motorradfahrer war schwer **verletzt**. Meiner Meinung nach sind beide zu **schnell** gefahren.

Zum Üben

1 1 Ich gehe heute zum Sportzentrum, um Volleyball zu spielen.
 2 Meine Freunde und ich treffen uns heute abend um acht Uhr, um ins Kino zu gehen.
 3 Herr Breuer geht zum Supermarkt, um Wurst zu kaufen.
 4 Nach dem Essen geht Stephanie in ihr Schlafzimmer, um ihre Hausaufgaben zu machen.
 5 Frau Schulz besucht das Fundbüro, um ihre Handtasche zu suchen.

2 1 Ich habe eine Schwester, **die** Sabine heißt.
 2 Das ist der schönste Blick, **den** je gesehen habe.
 3 Hier ist der Wagen, **den** wir kaufen möchten.
 4 Wer ist das Kind, **das** du gestern im Park gesehen hast?
 5 Wo sind die Blumen, **die** ich gerade gekauft habe?
 6 Danke für den Brief, **den** ich heute erhalten habe.
 7 Das ist die Tante, **die** in Leipzig wohnt.
 8 Hier ist das Haus, in **dem** mein Freund wohnt.

3 1 Ich habe eine Jacke gekauft, die 175,-DM kostet.
 2 Kennst du meinen Freund Christian, mit dem ich nach Israel fahre?
 3 Hast du das Bild gesehen, das ich selber gemalt habe?

 4 Ich finde das Restaurant, das meinem Onkel gehört, toll.
 5 Das ist bestimmt der Mann, den ich in Berlin kennengelernt habe.

Unit 12

1 Melanie: a, c; Lars: e, f; Eva: b, d

2 1 a; 2 b; 3 b; 4 a; 5 a; 6 a; 7 b; 8 a

3 1 a; 2 d; 3 f

4 *für:* bequemer; billiger; schneller
 gegen: ungesünder; umweltfeindlicher; nicht immer schneller

9 1 b; 2 a; 3 a; 4 a; 5 b; 6 b

10 1 d; 2 b; 3 a; 4 c

11 1 ✓; 2. ✗; 3 ✓; 4. ✗; 5. ✗; 6 ✓; 7 ✓; 8. ✗

12 zu schnelles Fahren; nicht sicher genug; nasse Straßen; Dunkelheit; Alkohol; zu wenig Erfahrung

13 1 Kreuzung
 2 Kurve
 3 Baustelle
 4 Ampel
 5 Einbahnstaße
 6 Parkplatz
 7 Erste Hilfe
 8 Autobahn
 9 Autobahngasthaus
 10 Fußgängerunterführung
 11 Tankstelle
 12 Polizei

Zum Üben

1 1 sahst; 2 aß; 3 vergaß; 4 ließ; 5 stand; 6 empfahl; 7 schlief; 8 geschah; 9 brach

2 1 Sortierst du deinen Müll?
 2 Macht die Klasse eine Umweltaktion?
 3 Sind die Regenwälder in Gefahr?
 4 Benutzt er beim Einkaufen eine Stofftasche?
 5 War Müll ein großes Problem an der Schule?
 6 Ist viel Sonne schlecht für die Haut?
 7 Sind Spraydosen gefährlich für die Umwelt?
 8 Verlieren die Bäume ihre Blätter?

9 Hat die Schule zwei grüne Tonnen gekauft?
10 Wird es immer mehr Autos geben?

3 1 e; 2 g; 3 f; 4 i; 5 h;
6 a; 7 d; 8 b; 9 c

4 1 wieviel; 2 welchem; 3 was für;
4 wie lange; 5 welche;
6 warum; 7 wen; 8 wie;
9 welchen; 10 wie

Kontrolle 1

1 *Steht auf um:* 6.45 Uhr
Frühstück: 7.15 Uhr – Müsli und Brötchen mit Marmelade
Zur Schule: Bus
Schule – wie lange? 20 Min. – einmal umsteigen
Nachmittags: montags und mittwochs: bis halb zwei; dienstags, donnerstags, freitags: bis Viertel nach zwei
Nach der Schule: Hausaufgaben 1-2 Std.); mit Freundin treffen; in die Stadt fahren; im Zimmer sitzen und Musik hören; Volleyball (Montag); Fernsehen; lesen

2 1 c; 2 b; 3 a; 4 c; 5 c;
6 a; 7 a; 8 a

5 1 b; 2 f

8 3

9 1 c; 2 a; 3 b; 4 c; 5 b;
6 b; 7 c; 8 c

Kontrolle 2

1 *Meike:* Eltern sagen: sie sieht zuviel fern – finden die Eltern nicht gut – soll mehr Bücher lesen
Silke: Eltern mögen ihren Freund nicht – sie hat keine Zeit mehr für Freundinnen und Hobbys – sie soll so viel im Haushalt helfen – kleine Schwester macht viel weniger

2 1 b; 2 c; 3 a; 4 b; 5 c;
6 c; 7 a; 8 b

3 2

5 1 Ich werde Zeitung lesen.
2 Wir werden fernsehen.
3 Er wird eine feste Freundin haben.
4 Du wirst eine Jugendsendung moderieren.
5 Ich werde mein Zimmer saubermachen.
6 Ihr werdet einen großen Hit haben.
7 Sie werden ins Theater gehen.
8 Sie wird zu meiner Party kommen.

6 Am Montag geht sie um 14 Uhr ins Kino. Um 16 Uhr geht sie zum Kaffeetrinken bei Julia. Um 19 Uhr geht sie mit Ute in die Pizzeria. Am Dienstag geht sie um 12 Uhr zum Zahnarzt. Um 15 Uhr geht sie zum Schwimmen. Um 19 Uhr geht sie zur Party bei Jan. Am Mittwoch schreibt sie um 11 Uhr eine Mathearbeit. Um 14 Uhr geht sie zur Eisdiele. Um 18 Uhr räumt sie ihr Zimmer auf. Am Donnerstag holt sie um 14 Uhr ihre Oma vom Bahnhof ab. Am Freitag hat sie um 17 Uhr ein Treffen mit der Fotogruppe. Um 20 Uhr geht sie in die Disco.

7 1 ein Hund; 2 im Tierheim Dellbrück; 3 einer Familie mit Kindern; 4 die Familie wollte Teddy nicht mitnehmen; 5 die Polizei – an einer Autobahn-Raststätte; 6 Hunde und Katzen; 7 180 Hunde; 8 die Sommerzeit/Urlaubszeit

9 1 auf; 2 ab; 3 mich; 4 ab;
5 aus; 6 mich; 7 ein;
8 mich

Kontrolle 3

1 will in den Ferien arbeiten; will sich einen Computer kaufen; Job – egal: es gibt nicht viele Jobs in seiner Stadt; letzten Sommer: vier Wochen in einer Gärtnerei; Arbeit hat Spaß gemacht: viel draußen – viel Kontakt mit den Kunden; negativ: Lohn – nur sechs Mark die Stunde – morgens um sieben Uhr anfangen

2 1 c; 2 a; 3 b; 4 c; 5 b;
6 c; 7 b; 8 a

4 1 geradeaus, 3. rechts, 2. links, 1. links, 1. links
2 1. rechts, 5. links, 1. rechts
3 geradeaus, 2. links, 1. rechts
4 links, 2. rechts, geradeaus
5 geradeaus, 1. links, geradeaus

6 1 bei der Post; 2 nette Kollegen;
3 hat einfach angerufen;
4 studieren; 5 bei der Post;
6 um Geld zu verdienen

7 1 c; 2 b; 3 c; 4 a; 5 b;
6 c

8 1 ✗; 2 ✓; 3 ✗; 4 ✗; 5 ✗

Kontrolle 4

1 1 in Ungarn
2 Landschaft: alles grün, viele Seen, sehr ruhig, kein Lärm; Budapest: schön, Leute nett
3 keine Discos und Jugendzentren, nur ein Bus pro Tag in die nächste Stadt
4 Budapest: Umweltverschmutzung: kein Recycling (zuviel Müll), zu viele Autos (Stau), kein Katalysator (giftige Abgase)

2 1 c; 2 b; 3 c; 4 a; 5 b; 6 a;
7 a; 8 a

4 1

5 Im letzten Sommer **habe** ich Urlaub in Spanien gemacht. Ich **bin** mit meinen Eltern nach Valencia gefahren. Morgens **bin** ich an den Strand gegangen. Ich **habe** mich gesonnt, und ich **bin** im Meer geschwommen. Nachmittags **habe** ich einen Stadtbummel gemacht. Wir **sind** oft in ein Café gegangen und **haben** dort Limonade getrunken. Abends **sind** wir meist im Hotel geblieben und **haben** dort gegessen. Danach **bin** ich manchmal in die Disco im Hotel gegangen – das **hat** Spaß gemacht!

6 1

8 3

9 1 der; 2 den; 3 dem; 4 das;
5 die; 6 die; 7 der; 8 die